そのまま使えるモデル英文契約書シリーズ

はじめに

　人口減少が続く中、これまで国内市場のみを対象としてきた日本の中堅・中小企業であっても、ビジネスの維持・発展のためには、海外の旺盛な需要を取り込む必要がある。しかし、同じ文化に属する国内取引先と違って、海外企業との取引では思わぬトラブルが発生することがある。これは、早くから国際取引に乗り出してきた日本の大企業が経験してきたことであり、不慣れだったでは済まないほどの大きな損失を被った例も少なくない。これに対して、中堅・中小企業が国際取引において損失を被った場合、それを吸収するだけの体力がないおそれもある。

　先人が経験した苦い経験を繰り返す必要はない。これから国際取引に乗り出そうとする企業は、過去の経験に学び、国際取引に伴うトラブルに備えた適切な予防措置をとるべきである。すなわち、外国企業から示された英文契約書案にそのままサインするのではなく、日本企業の立場から様々な事態を想定し、相手方に対して逆提案をし、きちんとした交渉を経た上で契約を締結すべきである。とはいえ、国際取引に不慣れな企業にとって、自ら詳細な英文契約書を作成することは困難であり、またその作成を渉外弁護士に依頼した場合には高額な費用が発生する。

　そこで、JCAA では、これまで日本企業が当事者となった仲裁事件を処理してきた経験に照らし、国際取引に不慣れな中堅・中小企業が契約書を作成する際に参考にして頂くべく、本シリーズを発刊することとした。本シリーズでは、各条項の解説の随所で、その条項の説明にとどまらず、その条項が扱っている事項はどのような意味があるのかを自覚的に考えることができるように工夫している。なお、異なるモデル契約書に登場する類似の条項例や解説は必ずしも同一ではないが、趣旨は同じである。

　また、国内の取引では紛争解決はいずれかの地方裁判所での裁判により最終的には解決される旨を定めるのが当然と考えてきたかもしれないが、国際取引をめぐる紛争については、外国での裁判を飲まざるを得ないとすれば、それは外国語で外国訴訟法に基づく手続の末に外国人の裁判官が外国語で判決を下すことを意味する。他方、日本での裁判は相手方の外国企業が拒否することになろう。そのため、国際取引紛争の解決のためには仲裁が用いられることが多い。すなわち、日本人と外国人から構成される仲裁廷により最終的な解決を図るのである。本シリーズでは、JCAA ならではのこととして、仲裁条項のドラフティングについて詳しく説明している。

　本シリーズのモデル英文契約書が実際の契約書作成にあたり参考となれば幸いである。最後に、本シリーズの刊行にあたり、丁寧な監修により最新のモデル契約書に刷新して頂いたアンダーソン・毛利・友常法律事務所の仲谷栄一郎弁護士及び中川裕茂弁護士に厚く御礼申し上げたい。

2020 年 4 月
日本商事仲裁協会（JCAA）仲裁・調停担当執行理事
道垣内　正人

目 次

III. 仲裁条項のドラフティング

CD-ROM：OEM（委託者側）製品製造供給契約書【英語、日本語】（MS-Word）

I. OEM製品製造供給契約（委託者側）の概要

1. OEM製品製造供給契約とは

OEMとは、original equipment manufacture の略記であり、一般的には、あるメーカーが自社ブランドの製品を製造する場合、他のメーカーにその製品の製造を委託する取引をいう。

OEM製品製造供給契約は、製品を製造し販売する契約であり、製造の点では請負の性質を持ち、製品の所有権を移転する点では売買の性質を持つ。また、受託者（受注者）が製造するにあたり、委託者（発注者）の商号や商標を付すことが規定されることが多い。

2. 本条項例

本条項例は、日本メーカーが製品の製造を外国メーカーに委託する場合を想定したものである。

3. OEM製品製造供給契約（委託者側）のポイント

OEM製品製造供給契約において注意すべきポイントは次のようなものである。

（1） 商標

商標を受託者側が製品に付する場合、その方法や範囲などを明確に規定する必要がある。（本条項例では、第4条において「標準発注書」で個別に指示するという建て付けにしている。）

（2） 知的財産権

製品の製造に必要な知的財産権を委託者が有する場合、受託者に対しその使用を許諾し、さまざまな制限をかける定めが入れられることになる。（本条項例では、第11条が規定している。）

（3） 保証

一般の売買契約同様、製品についての保証の条件が重要である。

II. OEM Manufacturing And Supply Agreement（OEM 製品製造供給契約）の 条項例（英語、日本語）・解説

■ Recitals ／前文

OEM MANUFACTURING AND SUPPLY AGREEMENT

(JAPANESE OEM PURCHASER / FOREIGN OEM MANUFACTURER)

THIS OEM MANUFACTURING AND SUPPLY AGREEMENT ("Agreement") is made and entered into

as of _____, 20XX (the "Effective Date"), by and between:

JAPANESE OEM PURCHASER, incorporated under the laws of Japan and having its principal place of business at [ADDRESS] (hereinafter referred to as "Japanese OEM Purchaser"); and

FOREIGN OEM MANUFACTURER, incorporated under the laws of [JURISDICTION] and having its principal place of business at [ADDRESS] (hereinafter referred to as "Foreign OEM Manufacturer") (collectively, Japanese OEM Purchaser and Foreign OEM Manufacturer are referred to as "Parties" and individually as "Party").

WITNESSETH:

WHEREAS Japanese OEM Purchaser desires Foreign OEM Manufacturer to manufacture certain products which

---

OEM 製品製造供給契約

（国内における購入者／ 外国における製造業者）

本 OEM 製品製造供給契約（以下「本契約」という。）は下記の当事者の間で20XX 年＿＿月＿＿日付で締結された。

日本法に基づき設立され、主たる営業所を【　　　】に有する日本国内における購入者（以下「国内購入者」という。）および＿＿＿法に基づき設立され、主たる営業所を【　　　】に有する外国における製造業者（以下「外国製造業者」という。）。（以下両当事者を総称して「当事者」または「両当事者」という。）

前 文

国内購入者は、国内購入者が購入し、その後自己の商号および商標を用いて世界中にて販売、流通する一定の製品を、外国製

Japanese OEM Purchaser will purchase and thereafter market, sell and distribute under its own tradename and trademarks throughout the world;

WHEREAS Foreign OEM Manufacturer has represented to Japanese OEM Purchaser that it has sufficient and requisite expertise to manufacture such products;

WHEREAS Japanese OEM Purchaser and Foreign OEM Manufacturer desire to enter into an agreement to record the detailed terms and conditions for the manufacture and supply of products;

NOW, THEREFORE, in consideration of the mutual covenants and undertakings contained herein and other good and valuable consideration the sufficiency and receipt of which are hereby acknowledged, the Parties hereby agree as follows:

造業者が製造することを希望している。

外国製造業者は国内購入者に対してかかる製品を製造するために必要十分な専門性を有していることを表明した。

国内購入者と外国製造業者は、製品の製造および供給に関する詳細な条件を取り決めることを望んでいる。

本契約に含まれる条件および条項に従い、当事者は下記のとおり合意する。

解説

冒頭文

　契約締結の年月日並びに各当事者の名称、設立準拠法および主たる営業所所在地を記載する。
　当事者の名称および主たる営業所（本店）所在地は登記簿の記載どおりに表示するものとする。
　日本の会社が契約書を英文で作成する場合英文名称を記載することになるが、定款が英文名称を定めている場合はこれを用いる。
　設立準拠法は、連邦制を採るアメリカ合衆国等、国によって州法等が準拠法になっていることも多々あるので注意する。

前文

　契約締結に至った経過、理由、当事者の事情、その他契約の前提となっている事項について表示する。前文は、法的拘束力の観点から必ずしも記載する必要性はなく、省略することも可能である。しかし、前文を記載することは、契約の全体像を把握するのに役立ち、また契約締結時点

における当事者の立場および意思を明示しておくことは、事後的に事情に変更が生じた場合の備えになりうる。更に、関連する契約が複数存在する場合、それらの契約の関係を前文で明らかにすることで、契約の適用範囲および適用される契約を明確にできる。なお、通常前文の末尾に当事者による契約締結の合意の宣言がなされる。

■ Definitions ／定義

Article 1　Definitions

In this Agreement, unless the context otherwise requires, the following words and expressions shall have the following meanings:

1.1 "Invoice" shall mean, in respect of a particular Purchase Order (as defined below), the statement for payment, as referred to in Article 6, sent by Foreign OEM Manufacturer to Japanese OEM Purchaser in connection with Products supplied under that Order.

1.2 "Products" shall mean the products which are listed in EXHIBIT 1 and are manufactured by Foreign OEM Manufacturer according to the Product Specifications (defined below) provided by Japanese OEM Purchaser.

1.3 "Product Specifications" shall mean the specifications provided by Japanese OEM Purchaser as stipulated in EXHIBIT 2 and amended from time to time by Japanese OEM Purchaser prescribing the manner in which Foreign OEM Manufacturer shall

第 1 条　〔定義〕

文脈により別段の解釈を必要とする場合を除き、本契約において下記の用語および表現は以下の意味を有する。

1.1 「請求書」とは、一定の購入注文（以下に定義する）に関して供給された本件製品につき外国製造業者が国内購入者に対して送付する本契約第 6 条に規定された毎月の支払に関する明細を意味する。

1.2 「本件製品」とは、別紙 1 記載の製品で外国製造業者が国内購入者の提出した製品仕様（以下に定義する）に従って製造する製品を意味する。

1.3 「製品仕様」とは、国内購入者が提供する別紙 2 に規定した、外国製造業者が本件製品をいかに製造、梱包し、国内購入者に引き渡すかということを定めた仕様で、国内購入者が随時変更するものを意味する。

1.4 「購入注文」とは、本契約第 4.1 条に定められた意味とする。

1.5 「購入価格」とは、別紙 3 に定められたとおり、国内購入者が本件製品について外国製造業者に対して支払う金額を意味する。

1.6 「四半期」とは、1 月 1 日、4 月 1 日、7 月 1 日または 10 月 1 日から開始する 3 ケ月間を意味する。

manufacture, package and ship the Products to Japanese OEM Purchaser.

1.4 "Purchase Order" shall have the meaning provided in Article 4.1 herein.

1.5 "Purchase Price" shall mean the price paid for the Products by Japanese OEM Purchaser to Foreign OEM Manufacturer as stipulated in EXHIBIT 3.

1.6 "Quarter" shall mean a three-month period commencing on January 1, April 1, July 1 or October 1 in any given year.

解説

第1条 〔定義〕

　契約中、意味が限定または特定される語句、繰り返し現れる語句および省略された表現で用いられる語句等は、定義条項においてその意味を明確にしておくことが適切である。例えば、本条項例における製品仕様は、国内購入者がその裁量で随時変更できることを前提とするが（第10.1条で明記）、この点を定義の中でも規定している。語句の定義化は、契約の文言の解釈について争いが生じるのを未然に防止する点に大きな意義があり、また契約における表現の統一にも資する。

■ **Japanese OEM Purchaser's Rights ／国内購入者の権利**

Article 2　Japanese OEM Purchaser's Rights

2.1 (Right to Market and Sell) Japanese OEM Purchaser shall have the exclusive right to market and sell the Products throughout the world under any tradename or trademark which it is authorized by law to use.

第2条 〔国内購入者の権利〕

2.1 （販売する権利）国内購入者は、本件製品を、法律に基づき使用が許されている商号または商標を用いて、全地域において販売する独占的な権利を有している。

2.2 （他の製造業者と契約を締結する権利）本契約は、国内購入者が販売する製品の製造について、外国製造者

2.2 (Right to Enter Agreement with Other Manufacturers) This Agreement is not intended to vest any exclusive right with Foreign OEM Manufacturer with respect to the manufacture of the products to be sold by Japanese OEM Purchaser and therefore Japanese OEM Purchaser shall have the right to enter into an agreement with any manufacturer and throughout the world for the manufacture and supply of the Products or any products similar to or competitive with the Products.

2.3 (Information) Foreign OEM Manufacturer shall provide Japanese OEM Purchaser upon request with all information, samples, models or other materials requested by Japanese OEM Purchaser relating to the manufacture and supply of the Products, including, without limitation, the reports provided for in Articles 3.2 (B) and 8 hereinbelow.

2.4 (Inspection) Japanese OEM Purchaser shall have the right at all times to enter into the premises of the Foreign OEM Manufacturer and inspect the Foreign OEM Manufacturer and its premises where the

に対し何ら独占的な権利を付与するものではなく、したがって国内購入者は、全地域において他の製造業者と本件製品または本件製品と類似もしくは競合する製品の製造および供給の契約を締結する権利を有している。

2.3 （情報）外国製造業者は、国内購入者の要請に従って、本件製品の製造および供給に関するすべての情報、見本、模型またはその他の資料（下記第3.2条（B）および第8条に規定される報告資料も含むがこれに限られない。）を国内購入者に提供する。

2.4 （検査）国内購入者は、常に（A）本件製品が製品仕様を完全かつ厳密に遵守して製造されていることおよび（B）下記の第12条における表明および保証が真実であることを確認するため、本件製品が製造されている敷地内に立入り、外国製造業者および本件製品が製造されている場所を検査すること、および下記の第3.2条に従い、本件製品が国内購入者に届けられる前に外国製造業者が行う検査に立会うことができる。

Products are manufactured to ensure that (A) the Products are manufactured in full and strict compliance with the Product Specifications and (B) any and all representations and warranties as stipulated in Article 12 below are true and correct, and to witness the inspection of the Products performed by Foreign OEM Manufacturer prior to their delivery to Japanese OEM Purchaser as stipulated in Article 3.2 below.

解説

第2条 〔国内購入者の権利〕

　国内購入者としては、自己の商号・商標を用いた OEM 製品を製造する業者を業者数も含めて自由に選択する権利を留保すると共に、そのノウハウを提供して製造された製品が不法に外国製造業者から他の競争相手に渡らないよう、外国製造業者が本件製品を販売、輸出または輸出する相手を当該国内購入者専属とする必要がある（後者については第 3.3 条でカバー）。特に外国製造業者の製造能力が優れている場合など、事情によっては、契約相手たる外国製造業者を独占的製造業者とする契約を締結することもある。

　また、国内購入者としては、本件製品が国内購入者の提示する製品仕様に従って製造されることが重要となる。これについては、外国製造業者の義務として定めるだけでなく、実質的確保の手段として、本件製品の製造・供給に関する情報その他の資料を入手できる権利および製造現場における立入検査の実施または立会の権利を明記している。国内購入者が外国製造業者に要求する資料は、製造される本件製品その他個別事情により異なってくることから、本条項例では、検査資料および月毎の会計報告資料を含むという形でそれ以外は特定していない。しかしながら、実際の契約の場合、提供を要求する資料の内容、見本や模型の提供時期およびそれらの提供頻度（月毎、会計年度毎等）ならびに費用負担をできるだけ特定したいところである。

■　Supply of Products ／本件製品の供給

Article 3　Supply of Products	第 3 条　〔本件製品の供給〕
3.1　(Manufacture and Sale)	3.1　（製造および販売）外国製造業者は、

Foreign OEM Manufacturer shall manufacture the Products in strict accordance with the Product Specifications and Foreign OEM Manufacturer shall thereafter sell those Products solely to Japanese OEM Purchaser. Foreign OEM Manufacturer shall not sub-contract any part of the manufacture of the Products to a third party without the prior written consent of Japanese OEM Purchaser, in which case Foreign OEM Manufacturer shall ensure that all Products manufactured by such third party are manufactured in strict accordance with the Product Specifications.

3.2 (Inspection by Foreign OEM Manufacturer)

(A) Foreign OEM Manufacturer shall conduct a thorough inspection of the Products to insure that they comply with the Product Specifications and the representations and warranties as stipulated in Article 12 below. Such inspection shall be performed in strict compliance with a product inspection manual provided by Japanese OEM Purchaser to Foreign OEM Manufacturer.

(B) Foreign OEM Manufacturer shall

本件製品を製品仕様に厳密に従って製造し、かかる製品を国内購入者に対して販売する。外国製造業者は、本件製造のいかなる過程も国内購入者が事前に書面で同意しない限り、第三者に委託しないものとし、かつかかる製造委託の場合、外国製造業者は第三者が製造した本件製品が製品仕様に厳密に従っていることを確保する。

3.2 （外国製造業者による検査）

（A）外国製造業者は、本件製品を厳密に検査し、本件製品が製品仕様および下記第12条に定められた表明および保証に従ったものであることを確認する。かかる検査は国内購入者が外国製造業者に対して提供した製品検査マニュアルに従って厳密に行う。

（B）外国製造業者は、本件製品に関し、上記（A）に規定される検査の完全な確認のために必要とされるすべてのデータを含む、真実かつ正確な記録を保管し、国内購入者が上記第2.3条に基づき要請した場合、報告書の形式で国内購入者に提出する。

3.3 （第三者への売買の禁止）外国製造業者は、製造する本件製品のすべてを国内購入者に届け、これを販売するものとし、本件製品を第三者に対して販売、輸出しもしくは流通させてはならない。また、外国製造業者は、本件製品に質権を設定しまたはその他の担保権を設定してはならない。

3.4 （十分な供給）外国製造業者は、常

maintain true and accurate records in relation to the Products, containing all data necessary for the verification of compliance with (A) above, which it shall submit to Japanese OEM Purchaser in the form of a report if so requested by Japanese OEM Purchaser pursuant to Article 2.3 above.

3.3 (Prohibition of Sales to Third Party) Foreign OEM Manufacturer shall deliver and sell all Products it produces exclusively to Japanese OEM Purchaser and shall not sell, market, export or distribute any of the Products to any third party. Further, Foreign OEM Manufacturer shall not pledge or create any security interest on any part of the Products.

3.4 (Sufficient Supply) Foreign OEM Manufacturer shall at all times ensure that a sufficient quantity of Products are manufactured and maintained as its inventory to meet the needs of Japanese OEM Purchaser timely and efficiently.

に国内購入者の要望に適時にかつ効率的に応えることができるよう、十分な数量の本件製品を製造し、在庫を保持しなければならない。

解説

第 3 条 〔本件製品の供給〕

　第 3.1 条は、外国製造業者による本件製品の製造が製品仕様に厳密に従うことを義務付けている。製品仕様については、第 1.4 条および第 10.1 条により、国内購入者が、市場の状況その他の事情によりいつでも変更できる権利を留保している。別紙 2 として契約書に添付する製品

仕様は、その専門性から図面等を含む詳細なものになると思われるが、法律家のチェックのみでは不十分となることが少なくなく、技術担当者による慎重な検討・確認が必要である。外国製造業者による第三者への製造委託の点については、第 18.1 条の解説参照のこと。

　本条項例第 3.2 条では、国内購入者が外国製造業者に対し製品検査マニュアルを提供することを前提としているが、外国製造業者に独自に準備させることももちろん可能である。もっとも、検査に関するデータは、国内購入者が製造物責任訴訟等に巻き込まれた場合などに重要な証拠資料となるものであり、外国製造業者に準備させる場合もそのマニュアルが十分なものであるか確認する必要がある。

　なお、外国製造業者が本件製品を製品仕様に従って製造するためには製造機械の導入等設備投資の援助や技術指導者の派遣、製造技術のライセンス許諾等が必要な場合も出てくるが、本条項例は、外国製造業者が自己の責任で本件製品の製造能力を備えることを前提としている。設備投資の援助や技術指導、ライセンス許諾を伴う場合、特に後者については別途技術協力契約やライセンス契約を締結することになる。設備投資の援助および技術協力に関する簡単な条項については、国内製造業者および外国購入者間の OEM 製品製造供給契約条項例を参照のこと（ただし、同契約は当然製造業者に有利な形の条項となっている。）。

　第 3.1 条は、本件製品の専属的供給を規定しているが、これを更に進めて外国製造業者に本件製品との競合製品の製造販売を差し控えさせる制限条項も論理的には考え得る。たとえば、下記のような条文例が考えられる。

Foreign OEM Manufacturer shall not manufacture any products similar to or competitive with the Products without a prior written consent of the Japanese OEM Purchaser.	外国製造業者は、国内購入者の事前の書面による同意なく、本件製品と類似または競合する製品を製造してはならない。

　しかし、こういった競合製品に関する制限条項は、不当な取引制限等としていわゆる独占禁止法違反となる可能性が認められるので、慎重な対応が必要である。

■　Order and Delivery of The Products ／本件製品の発注と引渡し

Article 4　Order and Delivery of The Products 4.1　(Purchase Orders) All purchase orders for the Products ("Purchase Orders") shall be submitted to Foreign OEM Manufacturer by Japanese OEM	**第 4 条　〔本件製品の発注と引渡し〕** 4.1　（購入注文）本件製品に関するすべての購入注文（以下「購入注文」という。）は、別紙 4 記載の標準発注書の様式（以下「発注書」という。）を用いて外国製造業者に対して国内購入者が提出し、外国製造業者の別

Purchaser on a standard order form attached as EXHIBIT 4 (the "Order Form") which Purchase Order, including any terms and conditions contained therein, shall be deemed binding upon the parties upon the acceptance thereof on a standard acceptance of order form also attached as EXHIBIT 4 (the "Acceptance of Order Form") by Foreign OEM Manufacturer. Foreign OEM Manufacturer shall confirm acceptance or refusal of the Purchase Order within five (5) working days of the receipt by Foreign OEM Manufacturer of the Order Form, provided that Foreign OEM Manufacturer shall not refuse Purchase Orders without due cause. In the case where Foreign OEM Manufacturer does not confirm acceptance or refusal of the Purchase Order as stipulated above, the Purchase Order shall be deemed as confirmed.

4.2 (Delivery) The Products shall be delivered in the quantity and to the site (the "Designated Delivery Site") specified in the Order Form or in a separate written notice issued by the Japanese OEM Purchaser on or before the date being the later of the date specified on the

紙 4 記載の標準発注請書（以下「発注請書」という。）を用いた受注により、発注書に記載されている条件を含め、両当事者を拘束する。外国製造業者は発注書を受領してから 5 営業日以内に購入注文を受注するか否か確認しなければならない。但し、外国製造業者は正当な理由なく購入注文を拒否しないものとする。外国製造業者が上記に従って購入注文を受注するか否か確認しない場合には、購入注文は受注されたものとみなされる。

4.2 （引渡し）外国製造業者は発注書またはその他の国内購入者が提出する書面による通知に指定された数量を同様に指定された場所（以下「引渡場所」という。）に、発注書に指定された日付または外国製造業者が発注書を受領した日から 10 日以内のいずれか遅い方（以下「引渡日」という。）までに届けることとする。この際、時期は契約の重要な要素である。上記に拘わらず、外国製造業者が引渡日に本件製品を届けられなかった場合、外国製造業者は直ちに国内購入者に通知し、全ての可能な手段を用いて直ちに届ける。但し、かかる外国製造業者による措置は、国内購入者がかかる遅滞により被った損害について外国製造業者に対し請求することを、いかなる意味においても妨げないものとする。

4.3 （梱包）本件製品は製品仕様および輸出商慣習に従って外国製造業者により梱包され、かかる費用は外国製

Order Form or ten (10) days
after the receipt by Foreign
OEM Manufacturer of the Order
Form ("Delivery Date"), in
respect of which, time shall be
of the essence. Notwithstanding
the foregoing, in the event
that Foreign OEM Manufacturer
cannot effect delivery on the
Delivery Date, Foreign OEM
Manufacturer shall immediately
notify Japanese OEM Purchaser
of such delay and shall effect
delivery immediately, using
all available means, after
the Delivery Date, provided
that such delivery by Foreign
OEM Manufacturer shall not
restrict in any way Japanese
OEM Purchaser from making
a claim against Foreign OEM
Manufacturer for damages
accrued from such delay.

4.3 (Packaging) Products shall
be packaged by Foreign OEM
Manufacturer in accordance with
the Product Specifications and
customary commercial export
practices, and the costs of such
packaging shall be borne by
Foreign OEM Manufacturer.

4.4 (Notification of Delivery) Foreign
OEM Manufacturer shall notify
Japanese OEM Purchaser that
the Products have been delivered
to the Designated Delivery Site

造業者が負担する。

4.4 （引渡し通知）外国製造業者は国内
購入者に対して本件製品が引渡場所
に引渡されたことを引渡された日に
おいて遅滞なく通知する。

upon the date of such delivery
without delay.

解説

第4条 〔本件製品の発注と引渡し〕

　本条項例は包括的な取引契約であり、個々の取引は具体的な本件製品の発注と受注により成立する。即ち、個々の取引について契約の申込と承諾が成立要件となるが、本条項例が締結されながら、外国製造業者が個々の取引の申込を自由に拒絶できることになれば、国内購入者に損害が生じうる。そこで本条項例は、その締結により外国製造業者は国内購入者の個別注文を原則として受ける意思であることを本条項例で確認し、個々の発注について「正当な理由なく購入注文を拒否しない」という文言で明記すると共に、受注か否か確認がとれない場合に備え、かかる場合も受注と見なす旨の規定を設けている。

　なお、国内購入者の発注について外国製造業者が自己の採算がとれるよう最低購入量の決定を要求してくる場合も考えられるが、当該最低購入量の決定には慎重な対応が求められる。

　第4.2条は、本件製品の引渡場所および引渡日について定めると共に、これらに従った引渡しができない場合についての外国製造業者の通知義務および本件製品を直ちに届ける義務を明記している。商品の引渡場所は、第三者から見てもわかるように具体的に明記するよう注意する。外国製造業者が引渡日に届けることを怠った場合、本条項例のように明記しなくとも、国内購入者としては、法令上外国製造業者の履行遅滞として引渡債務の履行または／および履行遅滞に基づく損害賠償請求を求めることができる。しかし、実際の取引では、履行遅滞発生時の現実の対応が事後的な権利行使と共に重要である。本条項例では、外国製造業者による迅速な対応が求められるため、迅速な履行義務を明記すると共に、当該対応義務の履行が履行遅滞の責任を免責するものではない旨確認している。

　梱包態様も製品仕様により詳細に決定されることを予定している。その梱包費用を別紙3に記載される購入価格とは別に、外国製造業者が国内購入者に請求することのないよう、梱包費用の負担者を明確にしたのが第4.3条である。

■　Purchase Price and Charges ／購入価格と費用

Article 5　Purchase Price and Charges	第5条 〔購入価格と費用〕
5.1　The Purchase Price shall be as stipulated in EXHIBIT 3 and shall only be amended upon mutual agreement between the Parties.	5.1　購入価格は別紙3に記載されたとおりとし、当事者間での合意がある場合にのみ購入価格を変更することができる。
5.2　All transportation and related costs prior to delivery, including,	5.2　保険および輸入税、費用、税金およびその他の課税もしくは手数料等を

without limitation, insurance and import duties, fees, taxes and similar assessments or charges shall be at the expense of Foreign OEM Manufacturer.	含む（がこれに限定されない）引渡し前のすべての運送等にかかる費用は外国製造業者の負担とする。

解説

第 5 条 〔購入価格と費用〕

　本条項例は、究極的には外国製造業者により製造された本件製品の売買契約であり、本件製品の対価として支払われる購入価格に含まれる範囲と当該価格の具体的数字をできるだけ明確にすることが重要である。また、購入価格は、製品仕様の変更や物価の上昇等により変更する場合もあることに鑑み、第 5.1 条で変更の方法を明記したが、当該変更は、別紙 3 の改訂を当事者間で合意する形で行われることになる。なお、購入価格が港渡し値であることが第 5.2 条で明記されているが、別紙 3 を作成する際は、別紙 3 で決定された購入価格以外については、国内購入者は何ら支払う義務を負わないことを再度明確にするのが適切である。

■　**Payment ／支払**

Article 6　Payment	**第 6 条　〔支払〕**
Foreign OEM Manufacturer shall submit an Invoice to Japanese OEM Purchaser for the Products purchased by Japanese OEM Purchaser. Payment for the Products shall be made by Japanese OEM Purchaser in Japanese Yen (or such other currency as Japanese OEM Purchaser may notify in writing) by bank transfer to any account notified in writing by Foreign OEM Manufacturer or in such other manner as the Parties may mutually agree.	外国製造業者は国内購入者の購入した本件製品について国内購入者に対して請求書を送付する。本件製品の支払は、国内購入者が日本円（もしくは国内購入者が書面により通知するその他の通貨）で外国製造業者が書面により通知した銀行口座に対して振り込むことまたは当事者間で合意したその他の方法により行う。

解説

第 6 条 〔支払〕

　本条項例においては支払方法を一番単純な銀行口座への振り込みとし、かつ為替リスクを考え

日本円による支払を原則とし、かつ国内購入者に支払通貨の選択権を与えている。支払方法および支払通貨は、当事者の利益に適ったものに変更して欲しい。

　支払条件の種類としては、信用状を用いる荷為替手形の発行による支払い、引渡後一括払、引渡後一定期日内一括払、引渡後分割払およびこれらそれぞれに前渡金の支払を加えた方法等がある。なお、他の取引で外国製造業者が国内購入者に対して債務を負担するような場合、当該債務と本条項例に基づく国内購入者の代金債権を対等額にて相殺する形の支払方法を外国製造業者が要求してくることも考えられる。

　本邦から外国に対する支払に関する、外為法上の報告義務があるが、当該支払が銀行等を経由する場合、報告も銀行を経由して通常行われる（外為法 55 条等）。支払に関しては、関係国での税法上の問題が生じないか確認すること。

■　Product Returns and Cancellation of Orders ／返品および注文の取消

Article 7　Product Returns and Cancellation of Orders	第 7 条 〔返品および注文の取消〕
7.1　(Product Returns) Upon Japanese OEM Purchaser's discovery and notice to Foreign OEM Manufacturer of any Products that do not comply with the Product Specifications or with the representations and warranties specified in Article 12 below or that contain any other defects, whether latent or apparent (the "Non-compliant Products"), or of any deficiency in Foreign OEM Manufacturer's supply of the Products, Foreign OEM Manufacturer shall at its own cost and without delay deliver replacement Products to Japanese OEM Purchaser, who may, at its discretion, dispose of the Non-compliant Products as it sees fit at the cost of Foreign OEM Manufacturer.	7.1　（返品）国内購入者が製品仕様もしくは第 12 条の表明および保証に違反し、またはその他の瑕疵もしくは隠れた瑕疵を有する本件製品（以下「本件欠陥製品」という。）を発見した場合、または外国製造業者の本件製品の供給に不足があった場合、国内購入者は外国製造業者に対してかかる本件欠陥製品もしくは不足について通知する。かかる通知を受領した際には、外国製造業者は自らの費用において、遅滞なく本件製品の代替品を国内購入者に届ける。国内購入者はその裁量によりかかる本件欠陥製品を外国製造業者の費用で廃棄または処分することができる。但し、本条は、国内購入者がかかる違反、瑕疵もしくは不足により被った損害について外国製造業者に対し請求することをいかなる意味においても妨げないものとする。
	7.2　（注文の取消）上記第 4.1 条の規定に拘わらず、国内購入者は本件製品

Provided that this Article 7.1 shall not restrict Japanese OEM Purchaser in any way from making any claim against Foreign OEM Manufacturer for any damages accrued from any non-compliance, defects or deficiencies in the Products.

7.2 (Cancellation of Orders) Notwithstanding Article 4.1 above, Japanese OEM Purchaser may cancel a Purchase Order for the Products up until the Delivery Date. In the event of such cancellation, Foreign OEM Manufacturer may issue an invoice for ten percent (10%) of the total Purchase Price for the cancelled Purchase Order by means of a credit note to cover administrative costs, inspection, repackaging, and other costs, provided that Foreign OEM Manufacturer shall, at its own cost, arrange for the Products to be returned.

の購入注文を引渡日まで取り消すことができる。かかる取消があった場合、外国製造業者は取り消された購入注文の購入価格全体の10%に相当する金額を管理、検査、再梱包のためにかかった費用に充てるために、クレジット・ノートの形で請求することができる。但し、外国製造業者は自らの費用をもって本件製品の返還等を手配しなければならない。

解説

第7条〔返品および注文の取消〕

　第7.1条は、外国製造業者による代替品提供措置の義務を規定するが、かかる措置が外国製造業者の不完全履行により国内購入者が被った損害の賠償義務を免責するものではないことを明確化した。また、欠陥製品の処分についていかなる方法が適切であるかは、個々の事情によることに鑑み、処分費用は外国製造業者の負担とするも、国内購入者側での廃棄等具体的方法について国内購入者の裁量に委ねている。

　本条項例は、国内購入者による注文の取消を、引渡日まで可能としているが、これは場合によっては、契約締結の交渉過程で譲歩が必要となる条項と思われる。もっとも、この原文の形で認め

られることもあり、また、注文の取り消された場合の充当費用の割合を交渉材料として注文取消権を引渡日に維持する方法も考えられる。

■ Report ／報告

Article 8　Report	第 8 条　〔報告〕
Foreign OEM Manufacturer shall supply Japanese OEM Purchaser with a report within 20 (twenty) days of the end of each Quarter with respect to that Quarter, or as requested by Japanese OEM Purchaser pursuant to Article 2.3 above, containing a full and accurate accounting of all payments, purchase orders, deliveries, product returns, and cancellations in relation to the Products in writing and certified as true and accurate by an independent accounting firm agreed to by Japanese OEM Purchaser.	外国製造業者は、各四半期末日から 20 日以内に該当四半期について、または上記第 2.3 条に基づく国内購入者の要請に従い、本件製品に関する全ての支払、発注、引渡し、返品および注文の取消に関する完全かつ正確な会計報告書で、国内購入者が同意する独立の会計事務所が真実かつ正確である旨認証したものを提供する。

解説

第 8 条　〔報告〕

　本件製品に関する会計報告資料は、外国製造業者の本件製品製造費用、本件製品横流しの有無等の真偽を確認する重要な資料となるため、各四半期毎または国内購入者の依頼に基づく提出を要求する権利を明示しておく。会計監査に関しては、外国製造業者に資料の保管義務を命じ、自身または代理人を通じて閲覧する権利を留保する方法もあるが、独立した会計事務所が監査し、認証したものであればその資料を用いるのが昨今の傾向であり、また会計監査費用を相手方の負担とできる利点もあることに鑑み、本条項例は外国製造業者に対しかかる監査資料提出を要求する形態を採用した。

■ Title and Risk ／権原と危険負担

Article 9　Title and Risk	第 9 条　〔権原と危険負担〕
Title and risk of loss of the Products sold by Foreign OEM Manufacturer under this Agreement shall pass	本契約に基づき外国製造業者が販売する本件製品の所有権および危険負担は、本件製品の引渡しを国内購入者が引渡場所で受

to Japanese OEM Purchaser upon Japanese OEM Purchaser's acceptance of delivery of the same at the Designated Delivery Site. This Article 9 shall in no way prejudice Japanese OEM Purchaser's right to reject Products which are defective or are otherwise not in compliance with the Product Specifications or any representations or warranties as stipulated in Article 12 following the passing of title.	けた時に国内購入者に移転する。本条は、国内購入者が欠陥製品または12条記載の表明および保証に何らかの点で適合しない本件製品を拒否する権利を妨げるものではない。

解説

第9条 〔権原と危険負担〕

　目的物の所有権移転時期については、引渡しと同時、代金完済時、または受領検査終了時などが考えられるが、本条項例は、国内購入者が本件製品を受領したときとしている。危険負担は、所有権の移転と同時に移転すると定めるのが通常である。

　本規定は、国内購入者による本件製品の受領が、外国製造業者による債務の履行を認めるものではないことを明文で規定し、受領のあった後も債務不履行責任を負うことを確認している。

■　Product Changes ／本件製品の変更

Article 10　Product Changes	**第10条 〔本件製品の変更〕**
10.1 (Modifications to the Product Specifications by Japanese OEM Purchaser) Japanese OEM Purchaser reserves the right to modify the Product Specifications from time to time at its sole and absolute discretion.	10.1 （国内購入者による製品仕様の変更）国内購入者はその単独かつ絶対的な裁量で製品仕様を変更する権利を留保する。
10.2 (Improvements by Foreign OEM Manufacturer) Foreign OEM Manufacturer may propose changes to the Product Specifications when such changes	10.2 （外国製造業者による改良）外国製造業者は、製品仕様の変更が本件製品または本件製品の製造を改良すると考える場合、製品仕様の変更を提案することができるが、国内購入者はかかる変更を受け入れるか否かを決定する唯一の当事者であり、これに関して絶対的な裁量を有する。本契

will improve the Products or the manufacture of the Products, provided that Japanese OEM Purchaser shall have sole and absolute discretion as to whether to accept such changes or not. This Agreement shall apply to any improvements to the Products developed by Foreign OEM Manufacturer at the request of Japanese OEM Purchaser or jointly developed by Japanese OEM Purchaser and Foreign OEM Manufacturer.

10.3 (Change in Cost and Purchase Price) In the event that any of the changes described in Articles 10.1 or 10.2 above affect either the cost of manufacturing, selling, marketing or distributing the Products, the Parties shall negotiate in good faith an appropriate adjustment in the Purchase Price, taking into account all of the relevant circumstances including, without limitation, additional or lower manufacturing costs, changed competitive conditions and the costs borne by either Party in developing any improvement or enhancement, provided, however, that the change of the Purchase Price shall be effectively made with the mutual agreement of the Parties in writing.

約は外国製造業者が国内購入者の依頼により開発した本件製品への改良または国内購入者と外国製造業者が共同で開発した改良にも適用される。

10.3 （費用と購入価格の変更）上記第10.1条および第10.2条に定めた変更が本件製品の製造、販売、マーケティングまたは流通の費用に影響を与える場合、当事者は、製造コストの増減、競争力の変化、および改良もしくは改善を開発した当事者が負担した費用を含む（がこれに限定されない）すべての関連状況を考慮した上で、購入価格を適当に調整するよう誠意をもって交渉する。ただし、購入価格の変更は当事者が書面で合意をなすことによってのみなしうるものとする。

解説

第 10 条 〔本件製品の変更〕

　OEM 製品製造供給契約の場合、市場の動向その他の事情により国内購入者が製品仕様の変更を欲する事態が生じると想定される。しかし、契約内容は契約が一度締結されると一方当事者の意思のみで変更することは原則としてできないため、国内購入者が自由に製品仕様を変更する権利を留保することが重要であり、本条項が規定されている。また、第 10.2 条は、外国製造業者が本件製品を継続的に製造する過程で改良を提案する場合に、それを妨げる理由はない一方、製品仕様一般について国内購入者の支配域内に留める趣旨で、国内購入者に提案を受け入れるか否かの裁量権を独占的に留保している。

　なお、本件製品の変更、改良に基づき新たな知的財産権が生じる場合も少なくないが、この点については、次の第 11 条で対応している。

■ Intellectual Property Rights of Japanese OEM Purchaser／国内購入者の知的財産権

Article 11　Intellectual Property Rights of Japanese OEM Purchaser

11.1　Foreign OEM Manufacturer recognizes that all patents, copyrights, designs, tradename and trademarks now and hereafter held by Japanese OEM Purchaser in relation to the Products or their manufacture and any instructions, manuals, specifications, blueprints or any other information supplied by Japanese OEM Purchaser in connection therewith, shall be and remain the property of Japanese OEM Purchaser, and Foreign OEM Manufacturer shall not in any way dispute this.

11.2　The provisions in Article 11.1 above shall apply to any modifications to the Products, their manufacture or the Product

第 11 条 〔国内購入者の知的財産権〕

11.1　外国製造業者は、国内購入者が本件製品またはその製造に関して現在または将来所有することになるすべての特許、著作権、デザイン、商号および商標、並びにこれに関して国内購入者が提供する指図、マニュアル、仕様、設計図その他の情報は国内購入者の所有に属し、今後もそうであることを認識し、外国製造業者はこれを争わない。

11.2　上記第 11.1 条の規定は本契約の有効期間中に当事者が共同してまたは外国製造業者が単独で行った本件製品、その製造過程または製品仕様に対する変更についても適用される。本条は、外国製造業者が国内購入者にかかる変更の開発の指示を受けたか否かおよび国内購入者が外国製造業者による変更の開発を認識しているか否かに関係なく適用される。

11.3　外国製造業者はいかなる目的においても国内購入者の商号もしくは商標

Specifications developed during the term of this Agreement either jointly between the Parties or by Foreign OEM Manufacturer. This Article 11.2 shall apply irrespective of whether Foreign OEM Manufacturer is instructed by Japanese OEM Purchaser to develop such modifications or not and whether Japanese OEM Purchaser is aware of Foreign OEM Manufacturer's development of such modifications or not.

11.3 Foreign OEM Manufacturer shall not for any purpose whatsoever use the tradename or trademarks of Japanese OEM Purchaser or shall not identify or announce itself as a licensee of Japanese OEM Purchaser or manufacturer of the Products other than in a way as authorized in advance by the Japanese OEM Purchaser in writing.

11.4 Foreign OEM Manufacturer shall not use any know-how, technology or any information contained in the Product Specifications or otherwise provided by the Japanese OEM Purchaser other than for the purpose of manufacturing or packaging the Products pursuant to this Agreement.

を使用してはならない。また、外国製造業者は、国内購入者が事前に書面で承諾した態様以外の態様で、自身を国内購入者のライセンシーまたは本件製品の製造業者であると表示または公表してはならない。

11.4 外国製造業者は製品仕様に含まれているかまたはその他の方法で国内購入者から付与されたノウハウ、技術または情報を本契約に基づく本件製品の製造または梱包以外の目的に使用してはならない。

11.5 外国製造業者は、国内購入者の商標を含む知的財産権またはその他の権利もしくは利益が侵害されているかまたは権限無く使用されていることを知るに至った場合、国内購入者に直ちに通知し、国内購入者が選択するかかる無権限の使用等に対する措置に協力する。

11.5 Foreign OEM Manufacturer shall immediately notify the Japanese OEM Purchaser if it becomes aware of any unauthorized use or infringement of a Japanese OEM Purchaser's intellectual property rights or any other right or interest including but not limited to its trademarks and shall assist Japanese OEM Purchaser in taking such action against such unauthorized use or infringement as the Japanese OEM Purchaser may elect.

解説

第 11 条 〔国内購入者の知的財産権〕

　本条項例の中で最も重要な規定の一つである。国内購入者が従前より有する知的財産権が当該 OEM 製品製造供給契約の締結により害されないこと、および本件製品の改良等により発生した知的財産権も全て国内購入者に帰属することを確認している。もっとも、新たに生じたかかる知的財産権については、外国製造業者の本件製品改良努力を促すため、外国製造業者に対しても帰属を認めることも考えられる。

　なお、製造に必要な技術として、特許権やノウハウの使用についてのライセンスを与えるという整理をする場合には下記のような表現が考えられる。製造の工程で、国内購入者の商標を付すことも含める場合には、かかる工程で商標を使用することとなるため、同様の規定を置くことが考えられる。

During the term of this Agreement, Japanese OEM Purchaser hereby grants Foreign OEM Manufacturer a nonexclusive, nontransferable, revocable, royalty-free license to use the intellectual property right including patent and trademark, know-how or any technology contained in the Product Specifications or otherwise

　本契約の有効期間中、国内購入者は外国製造業者に対して、製品仕様に含まれ、またはその他の方法により国内購入者により付与される特許および商標を含む知的財産権、ノウハウ、技術を本契約に基づく本件製品の製造および梱包のためにのみ利用する非専属的、譲渡不能かつ取り消し可能で無償の使用権を付与する。

granted by the Japanese OEM Purchaser solely in connection with the manufacture and packing of the Products pursuant to this Agreement.

■ Representations and Warranties／表明、保証

Article 12　Representations and Warranties

12.1 (Products) Foreign OEM Manufacturer hereby represents and warrants that any and all Products supplied to Japanese OEM Purchaser shall:

(A) be delivered in a timely fashion and as stipulated in Article 4.2 above;

(B) comply in all respects with the Product Specifications;

(C) be of good and merchantable quality;

(D) be free of defects, both detectable and latent, in workmanship and materials;

(E) conform in all respects with the sample products supplied by Foreign OEM Manufacturer to Japanese OEM Purchaser pursuant to Article 2.3 above; and

(F) perform up to the standards and for the period stipulated in EXHIBIT 2.

12.2 (Non-Infringement of Laws, Regulations and Third Party Rights) Foreign OEM

第 12 条 〔表明、保証〕

12.1 （本件製品）外国製造業者は国内購入者に提供する本件製品が

(A) 第 4.2 条に従って引渡されること；

(B) すべての点において製品仕様に従ったものであること；

(C) 良質で、商品としての適格性を有していること；

(D) 仕上げと材料の点で、顕在的にも潜在的にも欠陥がないこと；

(E) すべての点において外国製造業者が上記第 2.3 条に基づき国内購入者に提供した見本製品に従ったものであること；

(F) 別紙 2 に定めた基準に同じく別紙 2 に定められた期間従ったものであることを表明し、保証する。

12.2 （法律、規制および第三者の権利を侵害していないこと）外国製造業者は下記のとおり表明し、保証する。

(A) 本件製品の製造、表示、供給、輸出および販売などを含む（がこれに限定されない）本件製品について適用される全ての国内法令、国際法令その他これらと同様のものを本件製品は本件製品が製造、流通または販売される地域において完全に厳守していること。

(B) 外国製造業者は、本件製品の製造、

Manufacturer further represents and warrants as follows:

(A) The Products are in full compliance with all applicable local, national and supra national laws, regulations and similar requirements in the territories where the Products are manufactured, distributed and sold, with regards to, without limitation, their manufacture, labeling, supply, export, import and sale;

(B) Foreign OEM Manufacturer shall, at its own expense, obtain and maintain in full force and effect all licenses, permissions and consents necessary for the manufacture, export, and sale of the Products;

(C) The manufacture, marketing, distribution and sale of the Products in accordance with the provisions of this Agreement shall not infringe any rights, including, without limitation, any patent, trademark or other intellectual or industrial property rights of any third party.

12.3 (Foreign OEM Manufacturer) Foreign OEM Manufacture hereby represents and warrants as follows:

(A) Foreign OEM Manufacturer is a corporation duly organized and validly existing under the laws

輸出および販売に必要な全ての許認可および同意を自己の費用で取得しかつその完全なる効力を維持すること。

(C) 本契約の規定に従った本件製品の製造、マーケティング、流通および販売は特許権、商標権その他の知的財産権または工業所有権を含む（がこれに限定されない）いかなる第三者の権利も侵害していないこと。

12.3 （外国製造業者について）外国製造業者は、自身について下記のとおり表明し、保証する。

(A) 外国製造業者は設立準拠法に基づき適法かつ有効に設立され存続しており、営業を遂行し、本契約を締結し履行するために必要な能力を有している。

(B) 本契約が締結された場合、本契約は外国製造業者の適法、有効かつ拘束力のある義務を構成し、適用ある法令に反することはなくまた外国製造業者が当事者である契約に違反しない。

(C) 本契約有効期間中、次のいずれの事態も外国製造業者について発生していない。

(ⅰ) 一般的な支払いの停止または履行不能を構成する事態

(ⅱ) 外国製造業者による、または外国製造業者に対する破産またはこれに類する手続きの申立

(ⅲ) 外国製造業者またはその事業に関する管財人、管理者等の選任

(ⅳ) 外国製造業者による債権者のための包括的な事業の譲渡

of its incorporation and has full
corporate power to conduct
its business and execute and
perform this Agreement

(B) This Agreement when executed
shall constitute legal, valid
and binding obligations of the
Foreign OEM Manufacturer and
shall not violate or contravene
any applicable laws, regulations
or an agreement to which
Foreign OEM Manufacturer is a
party;

(C) None of the following events
have occurred with respect to
the Foreign OEM Manufacturer
on any day during the term of
this Agreement:

(i) a general stopping of payment
of its debts or other event that
is deemed to constitute the
insolvency

(ii) an application being submitted
for bankruptcy or similar
proceedings by or against
Foreign OEM Manufacturer;

(iii) an appointment of any receiver,
trustee custodian or the like for
Foreign OEM Manufacturer or its
business

(iv) a general assignment by Foreign
OEM Manufacturer for the
benefit of creditors; or

(v) any event similar to the
foregoing under applicable laws.

12.4 (Survival) All the representations

（ⅴ）適用法令のもとでの上記に類するよ
うな事態

12.4 （存続）本契約の表明および保証は、
本契約の有効期間中毎日、その日時
点の事実および状態について、外国
製造業者により繰り返されたものと
みなされ、国内購入者は、本契約の
有効期間中および本契約の終了後3
年間、契約終了の理由如何に拘わら
ず、第12.1条、第12.2条および
第12.3条に規定される外国製造業
者の表明および保証に完全に依拠す
る権利を有する。

and warranties contained in this Agreement shall be deemed repeated by Foreign OEM Manufacturer on each day with respect to the facts or situations as of such date during the term of this Agreement and Japanese OEM Purchaser shall have the right to rely fully upon the representations and warranties of Foreign OEM Manufacturer as provided in Articles 12.1, 12.2 and 12.3 above for the duration of this Agreement as well as for a period of three (3) years following the termination of this Agreement, regardless of the reason for termination.

解説

第12条 〔表明、保証〕

　第12.1条は、外国製造業者が製造する本件製品が本条項例に基づく義務に従うことの保証を規定しているが、当該条項は最低保証事項として必要である。本条項例は、これに加えて、第12.2条において、外国製造業者に本件製品が適用される全ての法規制を遵守していることも保証させているが、本件製品の販売は世界全域において可能であるため、適用されうる法規制は無限に広がり得る。他方、実際に本件製品を販売する国内購入者の方が必要となる法令、規制を容易に認識できる立場にあるともいえるため、特に第12.2条（A）については、個別事情にあわせ臨機応変に対応することも可能である。

　第12.3条においては、本契約が適法であること、外国製造業者を有効に拘束していることを表明させるとともに、外国製造業者が破産等の状態にはないことを表明させている。外国製造業者に対するOEM生産の委託が国内購入者にとり国内における自社生産に代わる重要なものである場合には、本契約が強制力をもって履行を求めうる適法かつ有効な契約であることは重要であるとともに、外国事業者が破産手続きに入ったような場合には国内購入者の信用やブランドの価値が毀損し、製品の供給に重大な支障を与えうるために、このような表明をさせているものである。重要な効果としては、ここで表明をさせることにより、これに違反した場合には契約を解除できるという点にある。

第 12.4 条は、保証義務違反が契約終了後に発覚することも考えられるため、本保証義務は、契約終了後も 3 年間存続させている。保証義務違反の場合における国内購入者に対する損害賠償義務の範囲については、国内購入者の利益を図り、本条項例では制限していないが、外国製造業者が間接的、偶発的、結果的損害および逸失利益等については対象外とすることを求めてくる可能性も認められる。

■ **Indemnity ／補償**

Article 13　Indemnity	**第 13 条　〔補償〕**
13.1　(Breach of Representations and Warranties, Third Party Claims and Indemnity)	13.1　（表明および保証に対する違反並びに第三者による請求とその補償）
(A)　Recovery of Damages from Foreign OEM Manufacturer In the event of a breach by Foreign OEM Manufacturer of any of its representations or warranties, Foreign OEM Manufacturer shall defend, indemnify and hold harmless Japanese OEM Purchaser against any liabilities, damages, losses or costs, including, without limitation, expenses, attorney's fees, judgments and settlement costs, arising directly or indirectly and incurred by Japanese OEM Purchaser in connection with any inaccuracy in, or breach of, any of the representations or warranties.	（A）外国製造業者に対する損害賠償請求 外国製造業者がその表明または保証に違反した場合、かかる外国製造業者は表明もしくは保証の不正確性またはこれに対する違反に関連して直接的または間接的に生じ、国内購入者が被った手数料、弁護士費用、判決および示談費用を含む（がこれに限定されない）責任、損害、損失または費用等すべてについて国内購入者を弁護し、補償し、そしてこれが国内購入者に及ばないようにする。
(B)　Third Party Claim and Duty to Defend Without limitation to the generality of Article 13.1 (A), in the event that Japanese	（B）第三者による請求および弁護する義務 第 13.1 条（A）の普遍性を制限することなく、国内購入者（取締役、役員、従業員、代表者および代理人を含む）が、本件製品、その製造、流通または販売に関して訴訟提起または請求の通知を第三者より受領した場合、外国製造業者は、国内購入者の要請によりかかる訴訟、その上訴もしくは請求について国内購入者を弁護し、またはかかる訴訟、上訴および請求により生じるすべての費用

OEM Purchaser (including its directors, officers, employees, representatives and agents) receives from a third party a notice of commencement of an action or assertion of a claim in relation to the Products, their manufacture, distribution or sale, Foreign OEM Manufacturer shall, upon request from Japanese OEM Purchaser, defend Japanese OEM Purchaser against such claim or action and any appeal arising therefrom, or, as the case may be, bear all costs in defending against such claim or action and any and all appeals arising therefrom, including, without limitation, all attorney's fees, any and all judgments rendered against Japanese OEM Purchaser and any and all settlement costs. Provided that, to the extent that Japanese OEM Purchaser is found negligent in such action or claim by the relevant court or tribunal, Japanese OEM Purchaser shall reimburse Foreign OEM Manufacturer for the costs above in proportion to the negligence attributed to Japanese OEM Purchaser by such court or tribunal.

(C) Duty to Inform, Cooperate
In all cases involving claims or

（弁護士費用並びに判決および和解による国内購入者の負担金を含むがこれに限定されない）を負担する。但し、国内購入者の過失を裁判所等が認定した場合、国内購入者はかかる過失の割合に応じ、外国製造業者が負担した費用の相当部分を返済する。

(C) 報告、協力の義務
第三者による訴訟、請求を含むすべての場合において、外国製造業者は、国内購入者に対して、弁護の進行状況についてすべて報告し、外国製造業者（争いに参加しているか否かに拘わらず）は国内購入者に対して、訴訟または請求の弁護または和解のために必要に応じてその従業員および記録を利用できるようにする。

13.2 （製造物責任保険）外国製造業者は本件製品による死亡事故、傷害および財産権に対する損害等から生じた本契約期間中または契約終了後の請求について、国内購入者を完全に補償するために、自己の費用で製造物責任保険を付保し、これを維持し、国内購入者をかかる保険契約において「損失額受取人」とする。国内購入者からの要望があれば、外国製造業者は国内購入者に対してかかる保険と保険料の支払の証拠を提出する。

13.3 （存続）本契約の有効期間中、および本契約の終了後３年間、契約終了の理由如何に拘わらず、各当事者は相手方当事者による補償に完全に依拠する権利を有する。

actions by third parties, Foreign OEM Manufacturer shall keep Japanese OEM Purchaser fully informed as to the progress of the defense, and Foreign OEM Manufacturer (whether or not involved in the dispute) shall make its respective employees and records available to Japanese OEM Purchaser as necessary to defend or settle the action or claim.

13.2 (Product Liability Insurance) Foreign OEM Manufacturer shall at its expense obtain and maintain in force product liability insurance for death, personal injury and property damage in respect of the Products sufficient to fully indemnify Japanese OEM Purchaser in respect of any claim arising whether during this Agreement or at any time after termination in respect thereof and Japanese OEM Purchaser shall be named as "loss payee" on every such insurance policy. Upon request from Japanese OEM Purchaser, Foreign OEM Manufacturer shall supply to Japanese OEM Purchaser evidence of such insurance and the payment or premiums therefor.

13.3 (Survival) Japanese OEM Purchaser shall have the right to rely fully upon the indemnity of Foreign OEM Manufacturer for the duration of this Agreement as well as for a period or three (3) years following the termination of this Agreement, regardless of the reason for termination.

解説

第 13 条 〔補償〕

　国内購入者としては、外国製造業者による第 12 条保証義務違反を起因として第三者から訴訟その他の請求を起こされた場合に、その責任を全て外国製造業者が負担するように具体的措置を規定しておく必要がある。本条では、具体的に紛争にかかる費用を当初から外国製造業者に負担させると共に、その選択により弁護責任を負担させる権利を規定している。もっとも第三者が訴訟その他の請求をしてきた場合、場合によっては損害賠償額が莫大になり、外国製造業者の資力では支払えない事態も生じるため、本件製品について、外国製造業者に製造物責任保険の付保を、損失額受取人を国内購入者とする形で義務づけた。なお、保険について、外国製造業者が既に付保しているような場合は、その付保条件を確認しておく必要がある。

　また、国内購入者としては、自己に提起された訴訟・請求以外でも本件製品に係る争いについては可能な限り認識しておくべきであり、その実質的確保手段として、外国製造業者に報告を義務づけるのが重要である。

　補償義務が契約終了後に発生することも考えられるため、本補償義務は、契約終了後も 3 年間存続させている

■　Confidentiality ／守秘義務

Article 14　Confidentiality	第 14 条 〔守秘義務〕
14.1 (Confidential Information; Survival of Obligation) In the case where a Party acquires from the other Party hereto, during the term hereof, certain information that is deemed by such disclosing Party to be secret and confidential information and, if in the form of	14.1 （機密情報、守秘義務の存続）本契約期間中、当事者が秘密かつ機密情報と開示当事者がみなす情報で書面もしくはその他の資料（コンピュータのディスクを含む）等の形式の場合、明確に機密情報として表示のあるもの（以下「機密情報」という。）を受領する場合、受領当事者は、開示当事者の書面による事前の明確な

a document or other materials (including computer discs), such information is clearly marked as such ("Confidential Information"), the receiving Party shall keep strictly secret and confidential and shall not, without the express prior written consent of the disclosing Party, disclose or divulge to any third parties or use, at any time, for any purpose other than in relation to this Agreement or use for any purpose whatsoever at any time after the expiration or termination of this Agreement, any Confidential Information. The obligations of each Party under this Article 14 shall extend to the officers, directors and employees of each Party who receive or view the Confidential Information, and for this purpose each Party shall take all reasonable precautions to ensure faithful compliance with the obligations under this Article 14.

14.2 (Limitation of Obligations) The obligations undertaken by the Parties pursuant to Article 14.1 shall not apply to any information of the type set out below, which, but for this Article 14.2 would have been designated as Confidential

承諾がない限り、機密情報を厳重に守秘し、本契約に関する目的以外の目的で、これを第三者に対して開示もしくは漏洩してはならず、または本契約の満了もしくは終了後いかなる目的においても使用することはできない。本条に基づく各当事者の義務は、かかる機密情報を受領または閲覧するそれぞれの役員および従業員に及ぶものとして、この目的のため、各受領当事者は本条における義務の誠実な履行を確保するためすべての合理的な措置をとるものとする。

14.2 （守秘義務の制限）第14.1条に従って当事者が負う義務は、本条に規定がない限り機密情報となる下記の情報には適用されない。

（A）いずれかの当事者が相手方当事者から取得した情報で、かかる情報を取得した当事者の故意、過失または不作為の結果によらず、公表されているまたは公表された情報、または一般的に公開されている情報。

（B）開示の時点で既に取得当事者が所有している情報で、既にその他の守秘義務の対象となっていない情報。または

（C）第三者から合法的に取得した情報で、かかる第三者が合法的に取得した情報で、これにつき守秘義務の対象となっていない情報。

14.3 （機密情報の返還または破棄）本契約の終了時に、両当事者は本契約に関連して、相手方当事者から受領した相手方当事者が所有する機密情報

Information:

(A) information obtained by either Party from another Party that is or becomes published or is otherwise generally available to the public, other than as a consequence of the willful or negligent act or omission of the Party obtaining such information, or any of its employees or agents;

(B) information that is, at the time of disclosure, already in the possession of the obtaining Party and not already subject to any obligations of confidentiality; or

(C) information lawfully obtained from a third party who has itself lawfully obtained such information and is not subject to any confidentiality obligations in respect of that information.

14.3 (Return or Destruction of Confidential Information) Upon termination of this Agreement, both Parties shall promptly return any documents and materials (both in hard-copy, electronic forms and otherwise) containing any non-proprietary Confidential Information received from the other Party in connection with this Agreement and upon request from the proprietor of such Confidential Information, shall confirm

を含む書類および資料（ハードコピー、電子形式およびその他の形式を含む）を直ちに返還し、かかる機密情報の所有者からの依頼により、かかる機密情報の写しがすべて消去されたことを確認する。

14.4 （差止による救済と損害）各当事者は、第14条の守秘規定に違反した場合、結果として機密情報を提供した相手方当事者に対して修復不可能な継続的損害を与えることおよび法律による適切な救済手段がない場合があることを認識しており、各当事者は、かかる違反行為を行った場合には、相手方当事者が損害賠償および差止命令による救済を受ける権利を有することに合意する。

that all copies made of the Confidential Information have been destroyed.

14.4 (Injunctive Relief and Damages) Each Party acknowledges that any breach or violation by it of the confidentiality provisions of this Article 14 shall result in irreparable and continuing damage to the Party from which the Confidential Information was received, for which there may be no adequate remedy at law, and each Party agrees that, in the event of any such breach or violation by it, such other Party shall be entitled to both damages and injunctive relief.

解説

第 14 条 〔守秘義務〕

　製品製造に関連して様々な情報交換が想定される OEM 製品製造供給契約においては、機密情報の守秘義務に関する規定は最も重要なものの一つである。もっとも、何が機密情報に該当するかは一般的に定義しても曖昧になるため、本条項例では、各当事者が機密情報と明示したものを対象としている。使用目的の制限については、守秘義務とは独立して別途規定を設けることも可能であるが、本条項例では、第 14.1 条の中で一緒に規定している。

　また、機密情報の守秘義務を実質的に確保するためには、契約当事者に加え、機密情報を実際に利用する従業員等の関係者を具体的に例示してそれらの者に守秘義務を課すことを義務づけることが必要である。場合によっては、誓約書の内容まで定めてもよい。

　機密情報の管理・処分については、契約継続期間のみならず、契約終了後悪用されるのを防ぐべく、その返還または廃棄を慎重に確認することが求められる

■　Default and Termination ／債務不履行と契約の終了

Article 15　Default and Termination	第 15 条 〔債務不履行と契約の終了〕
15.1　(Term) This Agreement shall	15.1 （期間）本契約は発効日から 1 年間

be effective for a term of one (1) year commencing on the Effective Date hereof.

15.2 (Termination)

(A) In case there is any breach and/or violation of the provisions of this Agreement by Foreign OEM Manufacturer or any representations or warranties given by Foreign OEM Manufacturer is found not to be true or correct during the effective period of this Agreement, Foreign OEM Manufacturer shall first of all endeavor to settle the matter as soon and as amicably as possible to the satisfaction of Japanese OEM Purchaser. Unless the settlement of the relevant matter is reached within thirty (30) days following notification in writing of Japanese OEM Purchaser, Japanese OEM Purchaser shall have the right to suspend indefinitely or to cancel unconditionally whole or a part of this Agreement in writing without burden on its part of any compensation therefor and all loss and damages sustained thereby shall be indemnified by Foreign OEM Manufacturer.

(B) In the case of (i) bankruptcy, insolvency, suspension of payment, receivership

有効とする。

15.2 （終了）

（A） 本契約の有効期間中、外国製造業者が本契約の規定に違反し、または本契約における外国製造業者の表明および保証のいずれかが真実または正確ではないと判明した場合、かかる外国製造業者はまず国内購入者が納得する方法で可能な限り友好的にかつ迅速にこの問題を解決するよう努力する。国内購入者からの書面による通知を受領してから 30 日以内にかかる問題を解決できない場合、国内購入者は、なんらの補償義務を負うことなく、本契約の全部または一部を書面により無期限で中止し、もしくは無条件で解除する権利を有し、これにより被ったすべての損失および損害はかかる違反行為を行った外国製造業者が補償する。

（B） 外国製造業者の（ i ）破産、支払不能、支払停止、事業に影響のある管理手続、（ ii ）解散、事業の全部または一部の停止、（ iii ）議決権の 25％以上を所有する株主またはその他の出資者の変更、合併、会社分割、営業譲渡を含む（がこれに限定されない）組織再編、（iv）上記の（ i ）乃至（iii）と同様の効果をもつ事態、または外国製造業者発行の手形もしくは小切手が不渡りになった場合、国内購入者は、かかる事由の発生により直ちに本契約を無期限で中止もしくは解除する権利を有し、これにより相手方に対する補償義務を負うことはない。これにより被ったすべての損失

proceedings affecting the operation of business, (ii) dissolution or discontinuation of whole or a part of the business, (iii) change of its shareholders or other equity holders having twenty five percent (25%) or more of its voting rights, corporate reorganization, including, without limitation, merger, corporate split or business transfer or (iv) any event which has the similar effect of (i) through (iii) above occurs to Foreign OEM Manufacturer or any drafts or checks of Foreign OEM Manufacturer are dishonored, Japanese OEM Purchaser shall have the right immediately upon the occurrence of any of such events to suspend indefinitely or terminate this Agreement without burden on its part of any compensation therefor. Also all losses and damages sustained thereby shall be indemnified by Foreign OEM Manufacturer.

15.3 (Option)

(A) Upon termination of this Agreement, Foreign OEM Manufacturer shall immediately make available for sale all Products manufactured by it and remaining in its inventory, and Japanese OEM Purchaser,

および損害は外国製造業者が補償する。

15.3 （オプション）

（A）本契約の終了時に、外国製造業者は、製造し在庫として残っている本件製品を全て国内購入者に対して販売可能な状態にし、国内購入者はその単独かつ絶対的な裁量により、本件製品を購入するかまたは外国製造業者の費用で処分することを方法を含め指示する。

（B）上記第15.3条（A）は本件製品の仕様の全部または一部が変更され、または本件製品の製造が国内購入者により中止となった場合も適用される。

shall, at its sole and absolute discretion, either purchase such Products or instruct Foreign OEM Manufacturer to dispose of such Products as instructed by Japanese OEM Purchaser at the cost of Foreign OEM Manufacturer.

(B) The provisions of 15.3 (A) above shall apply to the case where any part of the Product Specifications has been changed or the manufacture of the Products have been discontinued by Japanese OEM Purchaser.

解説

第15条 〔債務不履行と契約の終了〕

　契約期間は、外国製造業者の立場に立てば、本件製品製造の設備投資等を行った可能性もあり長期とするのが適切だが、国内購入者の立場からは、契約締結後外国製造業者が必ずしも自己の意にそぐわない場合に、短期で契約を終了できる余地を残しておくのが望ましいと思われる。当初の契約期間を短めに設定した上で、当事者の双方とも異存のない場合は自動更新とすることも考えられる。

　契約期間中であっても契約を解約できるようにする点については、本契約では契約義務違反に加え、相手方の表明保証違反の場合にも本契約を解除できる権利を規定している。しかしながら、契約義務違反も表明保証違反も現実には、軽微なものから重大なものまで様々であり、契約期間を短期に定めたこととのバランスからも、第15.2条は、直ちに国内購入者の解除権を発生させず、外国製造業者に解決措置を図るため、相当期間を与えている。ただし、相手方との関係を継続しがたい重要な事項については、かかる猶予を与えることなく直ちに解約できる規定にすることも考えられる。

　また、契約義務違反ではないが、契約の継続に支障をきたす一定事由が相手方当事者に発生した場合には、契約を早期終了できるとするのが一般的である。本条項例は、第15.2 (B) において、外国製造業者に事由が発生した場合について採用している。株主の変更や合併の組織再編等は競合品の取扱いなどの事業内容、経営体制、ひいては企業風土に多大な影響を及ぼすことから、特別の信頼関係を前提とする本件契約の場合には、合併等も終了事由の一環として、契約終了の選択肢を留保しておくのが望ましい。国内購入者による解約に基づく契約終了の場合、権利行使で

ある以上外国製造業者に対する損害賠償義務は発生しないが、事後的に争いが生じないよう、この点について明記している。

　なお、本条項例は、解除権の発生および契約終了事由発生を外国製造業者についてのみ規定しているが、相手方が拒否する場合、第15.2条の「外国製造業者」とあるところを「一方当事者」、「国内購入者」とあるところを「他方当事者」と変更して双方について相互的に規定することも考えられる。

　契約終了時における在庫・仕掛品の処分についてはかかる製品の横流し等を防止するため必ず規定すること（第15.3条参照）。

■　Notices ／通知

Article 16　Notices	第16条　〔通知〕
16.1　Foreign OEM Manufacturer shall notify Japanese OEM Purchaser upon the occurrence of any event provided in Article 15.2 above as well as any receipt from a third party of a notice of commencement of an action or assertion of a claim in relation to the Products or the manufacture thereof.	16.1　外国製造業者は、第15.2条の事由が発生した場合および第三者から本件製品またはその製造について、訴訟提起または請求通知を受けた場合には、国内購入者に対して通知する。
16.2　All notices that are or may be required to be given pursuant to this Agreement or with respect to it shall be in writing, and shall be given or made either by personal delivery, certified mail courier service, return receipt requested, or facsimile and shall be deemed to have been given or made when personally delivered or when so deposited in the mail, or so sent by facsimile and confirmation of the same sent on the same day or following Business Day	16.2　本契約に基づきまたはこれに関連して行われる通知、および義務づけられている通知は、書面で行うものとし、直接引渡し、引渡証明つき書留またはファックスで行うことができる。かかる通知は、下記の当事者宛に直接引き渡されたとき、投函されたときまたはファックスで送信され、同日中に受領の確認が送信されるか、次営業日に郵便で送られたときに行われたものとみなす。 （a）国内購入者宛：_____ _____ _____ ファックス：_____ 宛名人：_____ （b）外国製造業者宛：_____ _____

by mail, addressed to the respective Parties as follows:

(a) if to Japanese OEM Purchaser:

_____

_____

_____

Facsimile:_____

Attention:_____

(b) if to Foreign OEM Manufacturer:

_____

_____

_____

Facsimile:_____

Attention:_____

(c) Either Party may change their address set forth above by giving written notice to the other Party which shall only be effective upon the receipt of such notice by the other Party.

_____

ファックス：_____

宛名人：_____

(c) いずれの当事者も相手方当事者に対して本契約の規定に従って書面で通知し、かかる通知を相手方が受領することにより上記の住所もしくはファクシミリ番号を変更することができる。

解説

第 16 条　〔通知〕

　第 15.2 条で規定される契約終了事由および第三者から外国製造業者に対する訴訟提起等の事由が発生しても、国内購入者が認識できるとは必ずしも限らないため、かかる事由が発生した場合に国内購入者が適切な対応ができるよう、本条項例は、第 16.1 条で外国製造業者に通知義務を課している。

　さらに、第 16.2 条は、相手方当事者との間での連絡等に行き違いがないように、意思表示その他の伝達方法およびその効力発生時について規定している。発信主義を採用するのが取引上便宜に適うが、伝達方法如何に拘わらず発信した通知の受領を確認できる形にしておくべきである。

■　Arbitration／仲裁

Article 17　Arbitration

　All disputes, controversies or differences arising out of or in

第 17 条　〔仲裁〕

　この契約から又はこの契約に関連して生ずることがあるすべての紛争、論争又は意

connection with this contract shall be finally settled by arbitration in accordance with the Commercial Arbitration Rules of The Japan Commercial Arbitration Association. The place of the arbitration shall be Tokyo, Japan.

見の相違は、一般社団法人日本商事仲裁協会の商事仲裁規則に従って仲裁により最終的に解決されるものとする。仲裁地は東京（日本）とする。

解説

第17条 〔仲裁〕

　国際取引から生じる紛争を解決するために、訴訟を提起するという方法があるが、相手国の裁判所でその国の手続法によりその国の言語で裁判をするのは、コストがかかる上に、公正な裁判が期待できない国もある。そこで、当事者双方が選任権を有する仲裁人により、合意した手続ルールや言語によることができる仲裁によって紛争を解決するという方法が国際取引ではよく使われている。仲裁によれば、迅速に、それゆえに安価に紛争を解決することができ、しかも強制執行が必要となる場合にも、判決よりも仲裁判断の方が多くの国が締約国となっている条約があるためにスムーズだからである。

　仲裁条項のドラフティングでは、仲裁の対象となる紛争の範囲、仲裁機関、仲裁規則、仲裁地などを明確に規定する必要がある。この条項は、日本商事仲裁協会（JCAA）の商事仲裁規則に従って東京での仲裁より紛争解決をすると定めるものである。このような仲裁合意をしておけば、相手方が訴訟を提起してきても、その訴えの却下をもとめることができる。詳しくは「III. 仲裁条項のドラフティング」参照。

■　Miscellaneous／雑則

Article 18　Miscellaneous

18.1 (Successors and Assigns) This Agreement shall inure to the benefit of and be binding upon the Parties and their respective permitted successors; unless otherwise provided herein, nothing in this Agreement, expressed or implied, is intended to confer on any person other than the Parties or their

第18条 〔雑則〕

18.1 （後継者と譲受人）本契約は、当事者とその承認された後継者の利益に帰し、これらを拘束する。本契約に別段の規定がない限り、本契約の規定は本契約の当事者または相手方当事者に対して通知してあるその他の承認された後継者以外の者に対して権利、救済、義務または責任を、本契約に基づき、またはこれを理由として明示的または暗示的に授与する

respective permitted successors as are notified to the other Parties, any rights, remedies, obligations or liabilities under or by reason of this Agreement. Foreign OEM Manufacturer shall not assign its respective rights and obligations hereunder without the prior express written consent of Japanese OEM Purchaser. Japanese OEM Purchaser shall retain the right to freely assign its rights and obligations hereunder.

18.2 (No Waiver) No failure by either Party to insist upon strict compliance by the other Party with any of the terms, provisions or conditions of this Agreement in any instance shall be construed as a waiver or relinquishment by such Party to insist upon strict compliance in the future.

18.3 (Validity) If any part of this Agreement is determined to be void, voidable, invalid, inoperative or unenforceable by a court of competent jurisdiction or by any other legally constituted body having jurisdiction to make such determination, to the extent permitted by law, the remainder of this Agreement shall continue in full force and effect. In such

ものではない。外国製造業者は、国内購入者の書面による明示的な承諾なしに、本契約に基づく権利および義務を譲渡することはできないが、国内購入者は自由に譲渡できる。

18.2 （権利不放棄）いずれかの当事者が相手方当事者に対して本契約の条件、規定または条項の厳守を要求しないことにより、将来、かかる条項等の厳守を要求しないという権利放棄と解釈することはできない。

18.3 （有効性）本契約の一部が管轄権を有する裁判所またはその他かかる決定を行うことのできる合法的に設立された組織により無効、無効にすることができる、効力がない、効果がない、適用不能または執行不能と認定された場合、法律で許される範囲内において、本契約の残りの部分は効力を有し続ける。かかる場合、両当事者は、効力がない、効果がない、適用不能または執行不能とされた部分の事項の取扱いについて誠実に協議する。

18.4 （表題）本契約の条項の表題は便宜上のものであり、本契約の一部とはみなさず、これを解釈するにあたって依拠してはならない。

18.5 （副本）本契約は複数の副本で署名することができ、各副本は原本とみなすが、すべての副本を合わせて、一つの文書を構成する。

18.6 （連絡）本契約の原本は英語と日本語両方とし、争いが生じた場合には日本語版に従う。書面か否かに拘わらず、本契約に関する当事者間のす

case, the Parties shall negotiate in good faith on how to treat the subject-matter dealt with by those parts of the Agreement determined to be void, voidable, invalid, inoperative or unenforceable.

18.4 (Headings) The headings to the clauses in this Agreement are for convenience only and are not to be deemed a part of this Agreement or relied upon in the construction or interpretation hereof.

18.5 (Counterparts) This Agreement may be executed in counterparts, each of which shall be deemed an original, but all of which together shall constitute one and the same document.

18.6 (Communications) The original version of this Agreement shall be in both the English and Japanese languages, and, in the case of conflict, the Japanese version shall be deemed controlling. All communications, written or otherwise, in connection with this Agreement between the Parties shall be conducted in the Japanese language, unless otherwise required by law, in which case such non-Japanese language communication shall be accompanied by a Japanese

べての連絡は日本語で行うこととし、法律で別段の規定がある場合を除き、日本語以外の連絡には和訳を添付する。

18.7 （当事者間の協力）当事者は、本契約および本契約において言及するその他の契約のすべての条件、規定および目的を発効させ、実行するため、相手方当事者により合理的に要求される、または本契約の条項に従ったすべての行為、事項を行い、証書または文書に署名捺印し、支配下にあるすべての第三者も同じくこれを行うよう手配する。

18.8. （不可抗力）いずれかの当事者が現在または今後有効となる政府の配分、優先、規制もしくは規則、洪水、火災、地震もしくはその他の天災、戦争、騒乱、暴動、その他の市民騒動、ストライキ、ロックアウト、交通手段の麻痺または当事者の合理的な支配を超えるその他の偶発事象により本契約に基づく行為の履行が遅れたり、これが不可能となった場合には、かかる当事者は相手方当事者に対してかかる遅れもしくは妨害の結果として相手方当事者に生じた損害を賠償する義務を負わない。

18.9 （変更）本契約の補完、変更もしくは改正は、（a）当事者により書面で行われ、（b）本条を具体的に参照している場合に限り、拘束力を有する。

18.10（相互関係）本契約において本契約期間中の国内購入者と外国製造業者の間に設立された関係は、売主と買主の関係であり、本契約に明示的に

language translation thereof.

18.7 (Cooperation of Parties) The Parties shall do all acts and things and shall execute and seal any and all instruments and documents reasonably required by any of the other Parties or by the terms of this Agreement to effectuate and implement any or all terms, provisions and purposes hereof or of any agreement referred to herein and the Parties shall procure that all third parties under their control shall do likewise.

18.8 (Force Majeure) In the event that either Party shall be delayed in or prevented from performing any act required under this Agreement by reason of governmental allocations, priorities, restrictions or regulations now or hereafter in effect, flood, fire, earthquake or other Acts of God, war, riot, insurrection or other civil disturbance, strikes, lockouts, transportation shortages or any other contingencies beyond such Party's reasonable control, such Party shall not be liable to the other Party for damages incurred as a result of any such delay or prevention

18.9 (Amendments) Any supplement, modification or amendment of

定められている場合を除き、いずれの当事者もいかなる目的においても、相手方の代理人もしくは代表者とはならない。

18.11（準拠法）本契約の有効性、解釈及び履行は、［国際物品売買に関する国連条約を除き、］日本国法に従うものとする。

this Agreement shall only be binding if: (a) it is executed in writing by the Parties hereto; and (b) makes specific reference to this Section.

18.10 (Privity) The relationship hereby established between Japanese OEM Purchaser and Foreign OEM Manufacturer during the effective period of this Agreement shall be solely that of seller and buyer and neither party shall in any way be the agent or representative of the other for any purpose whatsoever except as specifically provided for herein.

18.11 (Governing Law) The validity, interpretation and performance of this Agreement shall be governed by and in accordance with the laws of Japan[, excluding the United Nations Convention on Contracts for the International Sale of Goods].

解説

第18条 〔雑則〕

第18.1条(後継者と譲受人）

　本条項例において、国内購入者は、外国製造業者に製造方法の開示等も含め重要な情報を提供しており、当事者間の特別な信頼関係を前提として締結されている。したがって、外国製造業者が本条項例に基づく権利義務関係の全部または一部を自由に譲渡することは明示的に禁止することが必要である。他方、本条項例では、国内購入者が合併、営業譲渡により本件製品製造業務を他者に移転させる場合、本条項例に基づく権利義務関係を自由に譲渡できるようにしている。一方的ではあるが、交渉次第では可能だといえる。

なお、本条項例においては、国内購入者が外国製造業者の製造能力に着目して契約を締結しているという OEM 製品製造供給契約の特質に鑑み、外国製造業者による下請けの利用については詳細な条項を設けておらず、外国製造業者が本件製品の製造を第三者に委託するためには国内購入者の同意が必要である旨第 3.1 条で規定し、かつ当該第三者の責任について外国製造業者が全面的に責任を負う形を採用している。実際に委託を認める場合、これに加えて、当該第三者と外国製造業者との間の契約が本条項例の趣旨を反映しかつ国内購入者の利益を害する者でないか等を慎重に検討し、その契約内容を熟知する必要がある。

第 18.2 条（権利不放棄）

　契約違反に対して、それが重大なものである場合には黙認することはないだろうが、軽微なものは見逃すこともある。そのような場合、当該黙認が契約の変更であると解釈されるのを防止し、以後の同様の契約違反は責任を追及できることを明確にするため、本条項を設けている。

第 18.3 条（有効性）

　契約の一部が法令違反その他の事情により無効となった場合に、残余の契約の効力を同時に無効とするか否かについて、残余の効力に影響はない旨定めた規定である。なお、無効となった規定について単に当事者の協議によるものとし、契約締結当初の趣旨を生かす旨の留保を付けなかったのは、無効となった経緯如何で契約締結当初の趣旨を生かすのが必ずしも適切とは限らないからである。

第 18.4 条（表題）

　契約書においては、本条項例のように、便宜上条項に見出しをつけることが多いが、かかる見出しが内容の解釈に用いられることのないよう、あくまで便宜上のものに過ぎず、当事者を拘束するものでないことを確認しておくことが望まれる。

第 18.5 条（副本）

　契約書は、各当事者が署名した原本をそれぞれ所持しているのが望ましいため、設けた規定である。

第 18.6 条（連絡）

　国際的な契約においては、契約締結、作成の段階で複数の言語が用いられることが少なくないが、その場合、翻訳の過程等で文言の解釈が生じるおそれがあり、その内容について完全なる同一性を確保することは困難である。したがって、本条項例では、日本語の契約書により契約の解釈が行われることおよび通常の連絡も日本語で基本的に行うことを規定している。もっとも、相手方の対応能力、コスト等の観点から、英語等による連絡を認めるのはもちろん自由である。

第 18.7 条（当事者間の協力）

　第 18.10 条の解説参照

第 18.8 条（不可抗力）

　契約に定められている義務の履行が、当事者の故意又は過失ではなく、当事者の制御できないような外部的事由（不可抗力事由）により妨げられることがある。このような不可抗力事由に起因する義務の不履行について、その当事者は免責される。いかなる事由を不可抗力事由とするかについては、契約の性質および内容を考慮して相対的に決定されるべきであるが、契約書作成に

当たってはできるだけ具体的に例示しておくことが望ましい。実際に発生した事由の不可抗力事由該当性については、当事者間で合意に達しない場合、本条項例では仲裁の判断に委ねられることになる。なお、不可抗力による免責が認められるために、相手方が極端に不利な立場に立たされることもあるので、衡平の見地からその後の措置について取り決めておくことも意義がある。

第 18.9 条（変更）

　契約内容はできるだけ確定的であることが望ましいが、他方事情の変更により変更の必要が生じることもある。そのような場合に、一方当事者の事情で容易に変更できるのであれば、慎重に最初の契約書を作成した意味が失われてしまう。したがって、契約の変更も当初の契約書作成段階と同程度の慎重さを求め、当事者間の協議に基づき書面で行うことが必要である。

第 18.10 条（相互関係）

　契約における当事者間の立場を明確にした規定である。契約当事者は、あくまで、本条項例に基づく権利義務を相互に負う関係にあるのみであって、これを超えて代理関係等を発生させていないことを確認している。また、本条項例に基づく権利義務関係について、当事者として合理的に責任を果たすことは、第 18.3 条で規定されている。

第 18.11 条（準拠法）

　契約当事者の国籍が異なるなど、契約の要素が複数の法域（国を含む）にまたがる場合、当該約をどこの法域の法律を適用し、解釈するべきかが問題となる。契約の準拠法については、当事者自治の原則に委ねる法域が一般的であることから、契約においては準拠法を明示することが求められる。

＜ウィーン売買条約＞

　国際的な物品の売買契約については、「国際物品売買契約に関する国連条約」（ウィーン売買条約）が日本についても効力を発生している。この条約の特徴は、明示的に排除しない限り自動的に適用され、国内法に優先することである。きわめておおまかに言うと、契約書でいろいろな事項を細かく定めてウィーン売買条約の適用を排除するという選択肢と、逆に契約書は結ばずに全面的にウィーン売買条約のみに従うという選択肢があり得ると思われる。ウィーン売買条約の適用を排除するのであれば、例文中の ［ ］ で示したような文言を入れるのがよい。

■　末尾文言および署名欄

IN WITNESS WHEREOF, the Parties have executed this Agreement in ____ _____, 　Japan, as of the date first above written. JAPANESE OEM PURCHASER 　　By:_____	上記を証して、当事者は本契約を冒頭の日付に日本国_____において締結した。 　　　国内購入者 　　　署名： 　　　氏名： 　　　役職名：

Name:_____ Title:_____ FOREIGN OEM MANUFACTURER By:_____ Name:_____ Title:_____	外国製造業者 署名： 氏名： 役職名：

【解説】

末尾文言および署名欄

　　本条項例が両当事者の正当な代表者、正当に授権された者によって署名され、成立したことの宣言文である。署名は、代表権を有する者または代表者からの委任のある者が行う必要がある。

　　署名に際しては、署名権限の有無を確認する意味でも署名者の姓名と共に同人の肩書をも明確に表示しておくべきである。

EXHIBIT 1
Products

別紙 1
本件製品

EXHIBIT 2
Product Specifications

別紙 2
製品仕様

EXHIBIT 3
Purchase Prices

別紙 3
購入価格

EXHIBIT 4
Order Form / Acceptance of Order Form

別紙 4
発注書／発注請書様式

III. 仲裁条項のドラフティング

1. 仲裁とは
(1) 法制度としての仲裁

　一般に、仲裁とは「争いの間に入り、両者を取りなし仲直りをさせること」との意味で使われることが多いが、法制度としての仲裁は、紛争当事者間の合意により仲裁人が紛争解決をするものである。分かりやすく言えば、仲裁は法律で認められた私設の裁判である。

　仲裁は、当事者の合意、すなわち、仲裁合意がその根幹である。仲裁合意とは、当事者が紛争の解決を第三者の判断に委ね、その判断に従う旨の合意である。仲裁合意において様々なことを決めておくことはできるものの、細かく合意事項を定めることは煩雑であるので、日本商事仲裁協会（JCAA）のような仲裁機関の仲裁規則によることを定めておくのが普通である。通常、契約書中に仲裁条項として定めておく。仲裁合意があるにもかかわらず、一方の当事者が裁判所に提訴した場合には、他方の当事者が仲裁合意の存在を主張すれば（妨訴抗弁）、裁判所はその訴えを却下することになる。

　仲裁において、裁判官の役割を果たす第三者を仲裁人という。当事者が裁判官を選ぶことはできないが、仲裁人は当事者が合意により選ぶことができる。1名の仲裁人とすることを合意していて、その選任について合意できなければ、仲裁条項において指定している仲裁機関の規則により、その仲裁機関が決定をする。例えば、JCAAの「商事仲裁規則」や「インタラクティヴ仲裁規則」では、3名の仲裁人とすることを合意している場合には、各当事者が1名の仲裁人を選任し、そうして選任された2名の仲裁人が最後の1名を選任する。この合意ができない場合にもJCAAが決定することになる。仲裁人は、当事者の一方が、仲裁手続を無視して何ら対応しない場合でも、仲裁手続を進めることができ、仲裁判断を下すことができる。

　仲裁判断は、確定判決と同一の効力があり、相手方が任意に履行しない場合は、裁判所により強制執行してもらうことができる。

(2) 仲裁の特長
(a) 国際性

　仲裁法によれば、仲裁判断には、確定判決と同一の効力が認められている。判決の場合には、外国で日本の裁判所の判決の効力が認められるかどうかはその外国の法律次第であるが、仲裁判断の場合には、他の締約国においてされた仲裁判断を一定の要件のもとに承認し、これに基づき強制執行すること約束した「外国仲裁判断の承認および執行に関する条約」（ニューヨーク条約）がある。現在、ニューヨーク条約の締約国は160カ国以上であり、ほぼすべての国が締約国になっているということができる。

　なお、非締約国のうち、わが国と取引の多い国として台湾がある。しかし、台湾は自国の仲裁法においてニューヨーク条約と同様の要件を定めている。

(b) 中立性

仲裁は、手続および判断の中立性を確保することができる。異なる国の当事者の間の取引をめぐる紛争を、一方当事者の国の裁判所によって解決することは、手続法や言語などの違い、さらには適切な弁護士の選任や管理ができないといったことなどから、他方当事者にとって不利である。また、腐敗した裁判官がいる国もある。この点、仲裁は当事者間の合意に基づく紛争解決制度であり、仲裁人の選任、手続言語、手続の進め方などについて、広く当事者の合意によることが認められている。例えば、中国企業と日本企業と間の紛争であっても、英語により、第三国籍の仲裁人による仲裁によって解決することもできる。

(c) 手続の柔軟性

訴訟では、手続のルールは訴訟法に定められており、これを変更することは認められない。他方、仲裁は当事者の合意を基礎にするものであり、当事者が合意により手続の進め方を決めることができる。たとえば、紛争解決期間を6カ月と限定して、その期間内に仲裁判断を下すことを仲裁人に求めることや、手続のすべてを書面やテレビ会議によってのみ行うことも可能である。

(d) 非公開性

訴訟では、一般に手続が公開される。わが国では、憲法82条1項は「裁判の対審及び判決は、公開法廷でこれを行ふ。」と規定している。他方、例えばJCAA仲裁の場合、仲裁を行っていることや仲裁判断の内容について仲裁人も当事者も守秘義務を負っているので、業界の他社に知られることはない。

(e) 迅速性

訴訟は三審制であり、最高裁まで争われると数年はかかる。これに対し、仲裁では、仲裁判断が下されれば、これに対する上訴はできないので、訴訟と比べると迅速に紛争解決を得ることができる。

2. 仲裁条項のヒント

当事者は、仲裁法の公の秩序に関する規定に反しない限り、どのように仲裁手続を行うかを自由に決めることができる。仲裁には仲裁機関を利用して仲裁手続を行う「機関仲裁」と仲裁機関を利用しないで当事者のみで仲裁手続を行う「アド・ホック仲裁」の2つがあるところ、「アド・ホック仲裁」では、現実にうまく仲裁手続が進まないだけでなく、仲裁合意が一応存在するために訴訟ができないという八方塞がりになったケースもある。仲裁に不慣れな場合には、JCAAのような仲裁機関を利用した「機関仲裁」が安全である。

機関仲裁を利用する場合の仲裁条項のドラフティングでは、利用する規則を特定するだけを定めることもあるが、これに加えて、具体的な手続の方法、仲裁人の資格・数、仲裁手続の言語、手続費用の負担などの定めを盛り込むこともある。以下では、様々な仲裁条項の具体例をあげ、それぞれの特長について考える。

（1）JCAAの３つの仲裁規則に基づく仲裁条項

JCAAでは、（a）商事仲裁規則、（b）インタラクティヴ仲裁規則、（c）UNCITRAL仲裁規則、以上３つの仲裁規則に基づく仲裁を提供している。これらの仲裁規則はそれぞれに特長を有し、当事者はその中からふさわしい規則を選択することができる。これらの仲裁規則はJCAAのウェブサイト（http://www.jcaa.or.jp/）からダウンロードが可能である。

（a）商事仲裁規則によって仲裁を行う場合の仲裁条項例

All disputes, controversies or differences arising out of or in connection with this Agreement shall be finally settled by arbitration in accordance with the Commercial Arbitration Rules of The Japan Commercial Arbitration Association. The place of the arbitration shall be Tokyo, Japan.	この契約から又はこの契約に関連して生ずることがあるすべての紛争、論争又は意見の相違は、一般社団法人日本商事仲裁協会の商事仲裁規則に従って仲裁により最終的に解決されるものとする。仲裁地は東京（日本）とする。

解説

商事仲裁規則【日本語・英語】は、UNCITRAL仲裁規則の規定を基礎にし、その上で、最新の国際実務を反映した規定を備え、かつ、実務上争いが生じ得る論点についてきめ細やかに対応した仲裁規則である。特長的な規定は、以下のとおりである。
- 迅速仲裁手続に関する規定
- 緊急仲裁人による保全措置命令に関する規定
- 複数の契約から生ずる紛争を１つの仲裁手続で解決することに関する規定
- 多数当事者が関与する紛争を１つの仲裁手続で解決することに関する規定
- 仲裁手続中の調停に関する規定
- 仲裁人による補助者の利用に関する規定
- 第三仲裁人の選任について当事者選任仲裁人が一方当事者の意見を個別に聴く場合に関する規定
- 少数意見の公表の禁止に関する規定

（b）インタラクティヴ仲裁規則によって仲裁を行う場合の仲裁条項例

All disputes, controversies or differences arising out of or in connection with this Agreement shall	この契約から又はこの契約に関連して生ずることがあるすべての紛争、論争又は意見の相違は、一般社団法人日本商事仲裁協

be finally settled by arbitration in in accordance with the Interactive Arbitration Rules of The Japan Commercial Arbitration Association. The place of the arbitration shall be Tokyo, Japan.	会のインタラクティヴ仲裁規則 に従って仲裁により最終的に解決されるものとする。仲裁地は東京（日本）とする。

解説

インタラクティヴ仲裁規則【日本語・英語】は、商事仲裁規則と共通する規定を有しつつ、その上で、仲裁廷が争点の明確化に積極的に関与し、かつ、当事者が主張立証活動を効率的・効果的に行うことができるようにするための工夫として、以下のような特長的な規定を置いている。

■ 仲裁廷は、手続の出来るだけ早い段階で、当事者に対し、当事者の主張の整理及び暫定的な争点について書面で提示し、当事者の意見を求めなければならない。

■ 仲裁廷は、遅くとも証人尋問の要否について決定をする前に、当事者に対し、重要な争点に関する暫定的な見解を書面で提示しなければならない。

（c）UNCITRAL 仲裁規則＋UNCITRAL 仲裁管理規則によって仲裁を行う場合の仲裁条項例

All disputes, controversies or differences arising out of or in connection with this Agreement shall be finally settled by arbitration in accordance with the UNCITRAL Arbitration Rules supplemented by the Administrative Rules for UNCITRAL Arbitration of The Japan Commercial Arbitration Association. The place of the arbitration shall be Tokyo, Japan.

解説

UNCITRAL 仲裁規則（＋UNCITRAL 仲裁管理規則）【英語のみ】には、以下の特長がある。

■ 国際連合国際商取引委員会（UNCITRAL）が作成した仲裁規則である。

■ 仲裁手続を円滑に行う上で最低限必要なルールを規定している。

■ UNCITRAL 仲裁管理規則は、UNCITRAL 仲裁規則に基づき JCAA が事務局として仲裁手続の初めから終りまでサポートをする上で必要な事項について定めたものであり、UNCITRAL 仲裁規則を補完するものである。

（2）機関仲裁条項（仲裁機関を指定する仲裁条項）

All disputes, controversies or differences arising out of or in	この契約から又はこの契約に関連して生ずることがあるすべての紛争、論争又は意

| connection with this Agreement shall be finally settled by arbitration in accordance with the Commercial Arbitration Rules of <u>The Japan Commercial Arbitration Association</u>. The place of the arbitration shall be Tokyo, Japan. | 見の相違は、<u>一般社団法人日本商事仲裁協会</u>の商事仲裁規則に従って仲裁により最終的に解決されるものとする。仲裁地は東京（日本）とする。 |

解説

　仲裁には仲裁機関を利用して仲裁手続を行う「機関仲裁」と仲裁機関を利用しないで当事者のみで仲裁手続を行う「アド・ホック仲裁」の２つがあるが、「機関仲裁」を選択する場合、どのような仲裁機関を利用すべきかが問題となる。

　仲裁というのは、仲裁条項を含む契約を締結した後、実際に仲裁を利用するのは数年後、数十年後のことになる。JCAA の仲裁事件でも、10 年、20 年前に締結した契約に基づいて仲裁申立てがなされることは、決して珍しいことではない。したがって、仲裁機関の選択においては、仲裁機関の存続性というものがとても重要な要素である。契約締結時に存在していたとしても、実際に紛争が生じて仲裁を申し立てようと思ったら、仲裁機関が無くなっていれば、仲裁での紛争解決手段が失われてしまう。仲裁機関はウイスキーの醸造メーカーのようなもので、よいウイスキーを仕込んでもそれが現実に利益を生むまでには一定の期間を要するため、その一定期間を生き延びる必要があり、資金不足で消滅してしまうおそれがある。

　近年、国際仲裁の発展に伴って、各国で次々に新しい仲裁機関が設立されているが、特に、新しい仲裁機関の場合には、安易に選択するようなことはせず、その存続性について調査する必要がある。この点、JCAA は、1950 年に日本商工会議所の国際商事仲裁委員会として設置されて以降、半世紀以上にわたる歴史を有し、財政基盤も数多くの会員の支援と他事業からの収益によって安定しており、さらに何よりカントリーリスクのない日本の仲裁機関であるので、その存続性にいささかの問題もない。

（3）仲裁規則を規定する仲裁条項

| All disputes, controversies or differences arising out of or in connection with this Agreement shall be finally settled by arbitration in accordance with <u>the Interactive Arbitration Rules</u> of the Japan Commercial Arbitration Association. | この契約から又はこの契約に関連して生ずることがあるすべての紛争、論争又は意見の相違は、一般社団法人日本商事仲裁協会の<u>インタラクティヴ仲裁規則</u>に従って仲裁により最終的に解決されるものとする。 |

解説

　仲裁は当事者自治を基本とする紛争解決方法である。当事者は、仲裁法の公の秩序に関する規定に反しない限り、どのように仲裁手続を行うかを自由に決めることができる。したがって、当事者が仲裁手続の一つ一つについて検討し決めても良いが、実際にそのようなことをすることは大変面倒であるし、そもそも仲裁手続に不慣れな当事者にとっては、とても難しいことである。そこで、手続管理の専門機関である仲裁機関が、仲裁手続を行うためにドラフトした手続準則の「セット」を利用することになる。これが仲裁規則である。仲裁規則は、仲裁手続の細部に至るまで検討して、円滑にかつ実効的な紛争解決を実現するための様々な事項を定めたものであり、これを契約で採用することによって、当事者の合意内容になるので、個々の事項についての交渉の手間を省くことができる。

　とはいえ、特定の仲裁規則による仲裁を定める条項を契約に盛り込むということは、その仲裁規則が定めている内容のすべてを合意するということを意味するので、本来は仲裁規則の内容を事前にチェックして、万一紛争が発生した場合に自分の側にとって不都合はないのか、有利なのかを検討する必要がある。しかし、実際のところ、法務担当者であっても、仲裁の経験が豊富な方は滅多にいないので、仲裁規則を読んでみても、どのような状況が生じる可能性があるのか、その際にその規定はどのように作用するのかを評価することは難しい。そのような場合であっても、少なくとも、①仲裁人の選任手続の規定、②仲裁地を定める規定、③手続言語を定める規定、④仲裁人報償金や管理料金を定める規定、以上4つの規定については必ず確認する必要がある。

　上記の仲裁条項では、JCAA の「インタラクティヴ仲裁規則」が規定されている。インタラクティヴ仲裁規則は、仲裁廷が争点の明確化に積極的に関与することによって、当事者が主張立証活動を効率的に行うことができるよう工夫された仲裁規則である。上記の4つの点については、次のとおりになっている。

　①の仲裁人選任は当事者自治が原則であり、決められない場合には JCAA が定めることになっている。②の仲裁地について当事者間の合意がない場合には、申立人が仲裁申立書を提出した JCAA の事務所の所在地（東京、横浜、名古屋、大阪、神戸）が仲裁地となる。③の手続言語について当事者が合意できない場合には、仲裁廷が契約書の言語や通訳・翻訳の要否やその費用等を勘案して決定するとされている。④のうち、仲裁人報償金については、請求額に応じた定額制が採用されている点に特徴がある。たとえば、請求額が 5000 万円以上 1 億円未満で、仲裁人 1 名の場合には、200 万円であるので、予め紛争解決コストの計算が可能となる。

　仲裁条項は「真夜中の条項」（midnight clauses）の一つとされ、契約交渉の最終段階で、十分検討されることなくドラフトされることもあるが、いざ紛争が発生したときになってから適用される仲裁規則を読んで、遠隔地での仲裁を強いられるといった不利を悟ることがないように、事前のチェックを怠らないようにしなければならない。

（4）「商事仲裁規則」の迅速仲裁手続によって仲裁を行う場合の仲裁条項

All disputes, controversies or differences arising out of or in connection with this Agreement shall be finally settled by arbitration in accordance with the expedited arbitration procedures of the Commercial Arbitration Rules of The Japan Commercial Arbitration Association. The place of the arbitration shall be Tokyo, Japan.	この契約から又はこの契約に関連して生ずることがあるすべての紛争、論争又は意見の相違は、一般社団法人日本商事仲裁協会の商事仲裁規則の迅速仲裁手続に従って仲裁により最終的に解決されるものとする。仲裁地は東京（日本）とする。

解説

　商事仲裁規則第 2 編に定める迅速仲裁手続によって仲裁を行う場合の仲裁条項である。迅速仲裁手続は、原則、5,000 万円未満の紛争を処理するために使われる仲裁手続である。仲裁人は 1 人で、仲裁廷の成立日から 3 か月以内に仲裁判断をするよう努めることとされている。一般に小額紛争に利用される手続であるが、高額紛争であっても、例えば、金銭消費貸借契約に関連する紛争など、主張・立証が比較的容易な事件にも適していると思われる。

（5）仲裁人の要件や数を規定する仲裁条項

All disputes, controversies or differences arising out of or in connection with this Agreement shall be finally settled by arbitration in accordance with the Commercial Arbitration Rules of The Japan Commercial Arbitration Association. The place of the arbitration shall be Tokyo, Japan. (i) The arbitrator shall be in possession of qualification of a lawyer in Japan. (ii) The number of the arbitrators shall be (　).	この契約から又はこの契約に関連して生ずることがあるすべての紛争、論争又は意見の相違は、一般社団法人日本商事仲裁協会の商事仲裁規則に従って仲裁により最終的に解決されるものとする。仲裁地は東京（日本）とする。(i) 仲裁人は日本の弁護士資格を有する者とする。(ii) 仲裁人の数は、（　）人とする。

(i) 仲裁人の要件

　当事者は仲裁条項において仲裁人の要件を自由に定めることができるが、現実的に選任が可能な要件を規定する必要がある。極端な例として、JCAA は、過去に、①フランスの弁護士資格を有し、②日本語で仲裁手続を行うことができ、③国際的な建設紛争に 10 年以上の経験がある者、という要件を定めてもよいかとの問い合わせを受けたことがある。もちろん、これらの条件を仲裁人の要件として定めることは可能であるが、現実的に、これらすべての要件を満たす仲裁人を探すことは極めて困難であると思われる。日本の仲裁法 18 条 1 項 1 号は、当事者の合意により定められた仲裁人の要件を具備しないことを忌避の原因として挙げている。特別の要件を仲裁条項に盛り込む際は、実際に機能するか否かをよく検討しなければならない。

(ii) 仲裁人の数

　一般に、仲裁実務では、仲裁人の意見が分かれて手続が行き詰まらないようにするために、1人又は 3 人とされ、3 人の場合には両当事者が各 1 名を選任し、そうして選任された 2 名の仲裁人が 3 人目の仲裁人を選任することとされている。仲裁人の数は、当事者の合意によって定めることができるため、仲裁条項のドラフティングの際に、仲裁人の数を予め規定するか否か、規定する場合には何人と規定するかが問題となる。

　一見すると、1 人より 3 人のほうが、より慎重な判断を期待することができ、何より、自ら選任した仲裁人を仲裁廷の中に送り込むことできるのでよさそうに思われる。しかし他方で、単純に 3 倍の仲裁人報償金及び仲裁人経費を要する。手続期間についても、各仲裁人の都合の調整や合議の時間がかかるため、単独仲裁人による仲裁手続より、長い期間がかかる。

　仲裁人の数を決める上で、もっとも重要なことは、発生し得る紛争の規模と複雑さの予測である。JCAA 仲裁では、過去に、2000 万円〜 3000 万円程度の請求金額の単純な事件で、仲裁条項に仲裁人の数が 3 人と規定されていたため、3 人で仲裁廷を構成し、手続を実施した例がある。この事件では仲裁人の数は 1 人で十分であったと思われる。また、仲裁条項に仲裁人の数が 3人と規定されている場合であって、迅速仲裁手続による旨の規定がないときには、紛争金額が5000 万円未満の小額紛争であっても、商事仲裁規則 84 条 1 項ただし書により、迅速仲裁手続が適用されなくなる。

　高額で複雑な紛争の発生が予想されるということであれば、仲裁人の数を 3 人と定める仲裁条項とすることでもよいが、そのような予測が立たない場合には、仲裁人の数は規定しないほうがよい。当事者間に仲裁人の数について合意がない場合には、商事仲裁規則 26 条 1 項により、その数は 1 人となる。これは、当事者が 2 人の場合であって仲裁人の数について合意ができないときは、仲裁人の数は 3 人とすると定める仲裁法 16 条 2 項の適用を排除する合意として有効である。そして、商事仲裁規則 26 条 3 項により、いずれの当事者も、被申立人が仲裁申立ての通知を受領した日から 4 週間以内に、JCAA に対し、仲裁人の数を 3 人とすることを書面により求めることができ、この場合において、JCAA は紛争の金額、事件の難易その他の事情を考慮し、これを適当と認めたときは、仲裁人は 3 人とすることができる。

したがって、契約から発生する紛争の規模と複雑さの予測が困難な場合には、仲裁人の数は定めず、その数の決定を JCAA にお任せいただくことをお勧めする。

（6）仲裁手続の言語を規定する仲裁条項

All disputes, controversies or differences arising out of or in connection with this Agreement shall be finally settled by arbitration in accordance with the Commercial Arbitration Rules of The Japan Commercial Arbitration Association. The place of the arbitration shall be Tokyo, Japan. <u>The arbitral proceedings shall be conducted in Japanese.</u>	この契約から又はこの契約に関連して生ずることがあるすべての紛争、論争又は意見の相違は、一般社団法人日本商事仲裁協会の商事仲裁規則に従って仲裁により最終的に解決されるものとする。仲裁地は東京（日本）とする。<u>仲裁手続は日本語によって行なう。</u>

解説

　当事者は仲裁手続の言語（以下「手続言語」）を自由に定めることができる。例えば、「商事仲裁規則」や「インタラクティヴ仲裁規則」に基づく仲裁手続では、当事者間に、手続言語を定める合意がない場合には、仲裁廷が手続言語を決定する。仲裁廷は、手続言語の決定に当たり、仲裁合意を規定する契約書の言語、通訳及び翻訳の要否並びにその費用その他の関連する事情を考慮しなければならないとされている。一般に、国際契約書は英語で作成されていることが多く、その結果、手続言語の合意がない場合には、英語が手続言語となっている。日本企業にとって、英語で手続を実施することは負担が大きいため、日本語で仲裁手続を行ないたい場合には、予めその旨を仲裁条項に定めておく必要がある。

　仲裁条項で、たとえば「仲裁手続は英語及び日本語による。」といったように、複数の仲裁手続の言語を規定することもできる。しかし、これは実務的には問題が発生しやすく、費用や労力も大きい。というのは、上記の条項例によれば、日本語だけで書面を提出することができるのか、それとも日本語と英語の両方の言語で書面を提出しなければならないのかが定かではないからである。仮に、日本語の書面だけで、よいとされる場合であっても、仲裁廷の中に英語しか理解できない仲裁人がいる場合には、結局、英語の書面も提出せざるを得なくなる。したがって、日本語と英語のいずれの言語でも手続を行なえるようにするためには、仲裁人は両方の言語を問題なく使いこなせることを要件とするといった定めもしておくのが望ましいということになる。たとえば、次のような条項である。

The arbitral proceedings shall be conducted in Japanese or English.	仲裁手続の言語は日本語又は英語によって行なう。仲裁人は、日本語および英語で

The Arbitrator shall be competent to conduct the arbitral proceedings in both Japanese and English.	仲裁手続を行なえなければならない。

しかし、そのような言語能力を有する適任者の絶対数は少なく、仲裁人選任作業が難航することが想定される。このように、複数の手続言語も定めるという条項は注意を要する。

（7）仲裁費用の負担を定める仲裁条項

All disputes, controversies or differences arising out of or in connection with this Agreement shall be finally settled by arbitration in accordance with the Commercial Arbitration Rules of The Japan Commercial Arbitration Association. The place of the arbitration shall be Tokyo, Japan. The losing party shall bear the arbitrator's remuneration and expenses, the administrative fee and other reasonable expenses incurred with respect to the arbitral proceedings (hereinafter the "Arbitration Cost"). In the case where a part of claims is admitted, the Arbitration Cost shall be borne in accordance with the determination of the arbitral tribunal at its discretion. The parties shall each bear their own costs as well as counsels' and other experts' fees and expenses in the arbitral proceedings.	この契約から又はこの契約に関連して生ずることがあるすべての紛争、論争又は意見の相違は、一般社団法人日本商事仲裁協会の商事仲裁規則に従って仲裁により最終的に解決されるものとする。仲裁地は東京（日本）とする。 仲裁人報償金、仲裁人経費、管理料金、その他の仲裁手続のための合理的費用（以下「仲裁費用」）は、敗れた当事者が負担する。請求の一部のみが認められた場合における各当事者の仲裁費用の負担は、仲裁廷が、その裁量により定める。各当事者は、仲裁手続における当事者自身の費用並びに代理人その他の専門家の報酬及び経費を負担する。

　商事仲裁規則80条1項では、仲裁手続の費用として、①仲裁人報償金、仲裁人経費、管理料金、その他の仲裁手続のための合理的な費用のほか、②当事者が負担する代理人その他の専門家の報酬及び経費をあげており、同条2項で仲裁人が、当事者の負担割合を決定すると定めている。仲裁は当事者自治に基づく手続であるので、仲裁手続の費用負担についても当事者が定めることができる。JCAA仲裁の過去の例をみると、仲裁手続のために当事者が負担するコストの8割から9割は代理人への報酬及び経費の支払いである。なお、代理人の報酬は中小の法律事務所より大手事務所、日本の法律事務所より外国の法律事務所の方が高額であるのが通常である。

　条項例では、上記の①については、敗れた当事者が仲裁費用を負担することとし、一部の請求が認められた場合（部分的に敗れた場合）には仲裁廷が裁量で各当事者の負担を決定すると定め、②については各当事者が自分自身の費用並びに代理人その他の専門家の報酬及び費用を負担すると定めている。

(8) 多層的紛争解決条項

　The parties shall attempt to negotiate in good faith for a solution to all disputes, controversies or differences arising out of or in connection with this Agreement (hereinafter referred to as "disputes").

　If the disputes have not been settled by negotiation within [two] weeks from the date on which one party requests to other party for such negotiation, the parties shall attempt to settle them by mediation in accordance with the Commercial Mediation Rules of the Japan Commercial Arbitration Association (hereinafter referred to as "JCAA"). The parties shall conduct the mediation in good faith at least [one] month from the date of filing.

　If the disputes have not been settled by the mediation, then they shall be finally settled by arbitration in accordance with the Commercial

　当事者は、この契約から又はこの契約に関連して生ずることがあるすべての紛争、論争又は意見の相違（以下、「紛争」という）の解決のために、誠実に協議するように努めなければならない。

　一方の当事者が相手方の当事者に対し、協議の要請を行った日から［2］週間以内に、協議によって紛争が解決されなかったときは、当事者は一般社団法人日本商事仲裁協会（以下、「JCAA」という）の商事調停規則に基づく調停を試みるものとする。当事者はその申立ての日から少なくとも［1］カ月、誠実に調停を行わなければならない。

　上記の調停によって紛争が解決されなかったときは、紛争はJCAAの商事仲裁規則に従って仲裁により最終的に解決されるものとする。仲裁地は東京（日本）とする。

Arbitration Rules of the JCAA. The place of the arbitration shall be Tokyo, Japan.

仲裁費用の高額化や仲裁手続の長期化の懸念から、その解決策の1つとして、当事者に仲裁手続を開始する前に、交渉や調停によって紛争解決を試みることを義務づける手続が採用されることがある。上記の「多層的紛争解決条項」では、紛争が生じた場合には、まず初めに、当事者は誠実な「交渉」による解決を試みて、それにより解決ができなかった場合には、次に中立的な第三者を介した交渉である「調停」を利用し、それでもなお、紛争の解決に至らない場合には、最終的に、強制的な手続である「仲裁」で解決するという段階的な紛争解決手続となっている。

多層的紛争解決手続において注意すべきことは、交渉や調停の手続が、紛争を解決したくない当事者に、遅延策として利用されないように、予め手続期間を決めておく必要がある（上記の多層的紛争解決条項において少なくとも1カ月は調停を行うことを義務付けているが、この期間を定めていない場合にはJCAAの商事調停規則には期間の定めがあり、それは当事者が別段の合意をしない限り3カ月となっている）。

また、多層的紛争解決手続では、相手方が誠実に交渉によって解決する姿勢がある場合には効果が期待されるが、現実に紛争が発生した場合に協議や調停による解決が期待できないこともあり得るので、期間を余り長く設定していると、その期間、最終的な解決手段である仲裁を開始できないことになってしまうので、ドラフティングの際にはそのことも考慮する必要がある。

(9) 交差型仲裁条項（クロス条項）

All disputes, controversies or differences arising out of or in connection with this Agreement shall be finally settled by arbitration. If arbitral proceedings are commenced by X (foreign corporation), arbitration shall be held pursuant to the Commercial Arbitration Rules of The Japan Commercial Arbitration Association and the place of arbitration shall be Tokyo, Japan; if arbitral proceedings are commenced by Y (Japanese corporation), arbitration shall be held

この契約から又はこの契約に関連して、当事者の間に生ずることがあるすべての紛争、論争又は意見の相違は、仲裁により最終的に解決されるものとする。X（外国法人）が仲裁手続を開始するときは、一般社団法人日本商事仲裁協会の商事仲裁規則に基づき仲裁を行い、仲裁地は東京（日本）とする。Y（日本法人）が仲裁手続を開始するときは、（仲裁機関の名称）の（仲裁規則の名称）に基づき仲裁を行い、仲裁地は（外国の都市名）とする。

当事者の一方が上記の地のうちの一においてその仲裁機関の規則に従って仲裁手続

pursuant to (the name of rules) of (the name of arbitral institution) and the place of arbitration shall be (the name of the city in foreign country).

Once one of the parties commences arbitral proceedings in one of the above places in accordance with the rules of the respective arbitral institution, the other party shall be exclusively subject to the arbitral proceedings and shall not commence any arbitral proceedings as well as court proceedings. The time receipt of the request for arbitration by the arbitral institution determines when the arbitral proceedings are commenced.

を開始した場合には、他方の当事者はその仲裁手続に排他的に服し、他の仲裁手続も訴訟手続も開始してはならない。その仲裁機関によって仲裁申立てが受領された時をもって、仲裁手続がいつ開始したかを決定する。

解説

交差型仲裁条項は仲裁の相手方（これを通常、仲裁の被申立人という）の所在地を仲裁地として仲裁手続を行うことを定める仲裁条項である。被告地主義仲裁条項や Finger pointing clause とも呼ばれている。相手方の仲裁機関は通常、相手国の仲裁機関が規定される。この仲裁条項の場合、相手方が契約違反をした場合、相手国で仲裁を行うことになるので、相手方が契約違反をする危険性が高い場合には注意が必要である。また、理論的には、仲裁申立てを受けた当事者が、反対請求の申立てではなく、別途、相手国において仲裁を申し立てる可能性があるため、そのような事態を避けるためには、一つの仲裁手続が開始した場合には、別の仲裁手続を開始することはできない旨の定めも合わせて規定しておくことがより望ましい。

（10）準拠法条項と仲裁条項

1. This contract shall be governed by and construed under the laws of Japan.
2. All disputes, controversies or differences arising out of or in connection with this Agreement shall be finally settled by arbitration in accordance with the Commercial

1. この契約は日本法に準拠し、解釈されるものとする。
2. この契約から又はこの契約に関連して生ずることがあるすべての紛争、論争又は意見の相違は、一般社団法人日本商事仲裁協会の商事仲裁規則に従って仲裁により最終的に解決されるものとする。仲裁地は東京（日本）とする。

Arbitration Rules of The Japan
Commercial Arbitration Association.
The place of the arbitration shall be
Tokyo, Japan.

解説

　契約の準拠法を定める条項は仲裁条項などの紛争解決条項とは別に定められることもあるが、上記のように、1 項と 2 項として、両者をセットにして定められることもある。しかし、そもそも、この 2 つは異なる機能を果たすものであるので、以下のことを十分に認識しておくことが必要である。

　紛争解決条項は、紛争の発生に備えて定めるものであり、紛争が発生してはじめてその適用が問題になる。これに対して、準拠法条項は、紛争が発生するかしないかとは関係なく、契約がスムーズに履行されている間も、当事者間の権利義務及び法律関係の発生、効力、終了などを規律し続ける。

　JCAA への相談事例として、被申立人の国での仲裁を行うことを定める「交差型仲裁条項」(上記 (9)) を採用するつもりであるところ、準拠法条項もこれと一体化させ、被申立人の国の法による旨を定めることにしてよいか、とのご質問を受けたことがある。仲裁条項を交差型にするのは、仲裁申立てをする際のハードルを上げ、申立てに踏み切る前の和解交渉や調停が促進されるという効果を期待することができる。

　しかし、準拠法条項をそれに合わせて交差型にしてしまうと、仲裁申立てをいずれの当事者が行うかによって、準拠法が違うということになるので、仲裁申立てがあるまでは準拠法は定まっていないことになる。そうすると、契約は果たして成立しているのか、契約不履行が発生しているのかといった問題について、仲裁申立てまでは準拠法が決まらず、したがって、一義的な答えが得られないことになり、混乱が生ずることになります。準拠法条項と仲裁条項との役割を正しく理解していれば、交差型の準拠法条項はあり得ないことである。

　なお、準拠法条項について付言すると、当事者間で合意すれば準拠法を定めることができるということは、法の適用に関する通則法 7 条により、特に仲裁による解決の場合には仲裁法 36 条により定められている。もっとも、それはあくまで契約問題についてであり、会社の代表権には会社設立準拠法が、担保物権には担保目的物の所在地法 (債権を目的とする場合にはその債権の準拠法) が適用される等、契約以外の問題については問題に応じて異なる準拠法が適用されることになります。また、代理店の保護規制とか、競争法 (独禁法) 等の公法上の問題も、準拠法条項では如何ともし難く、複数の国の公法の適用範囲に入っていれば、複数の国の公法の適用もあり得る。

　また、契約問題に限ってみても、安易に契約相手の国の法によることに合意してしまうと、契約書のチェックの段階から紛争の場面まで全ての局面で当該国の弁護士に相談しなければならなくなり、時間とコストがかかることにも注意が必要である。

「そのまま使えるモデル英文契約書シリーズ」のご案内

書名	版型	ISBN コード	本体価格
そのまま使えるモデル英文契約書シリーズ 委託販売契約書（CD-ROM 付）	B5 版	978-4-910250-00-7	¥2,000
そのまま使えるモデル英文契約書シリーズ 委託加工契約書（CD-ROM 付）	B5 版	978-4-910250-01-4	¥2,000
そのまま使えるモデル英文契約書シリーズ 購入基本契約書（CD-ROM 付）	B5 版	978-4-910250-02-1	¥2,000
そのまま使えるモデル英文契約書シリーズ OEM（委託者側）製品製造供給契約書【輸入用】 （CD-ROM 付）	B5 版	978-4-910250-03-8	¥2,000
そのまま使えるモデル英文契約書シリーズ OEM（製造者側）製品製造供給契約書【輸出用】 （CD-ROM 付）	B5 版	978-4-910250-04-5	¥2,000
そのまま使えるモデル英文契約書シリーズ 総代理店契約書【輸入用】（CD-ROM 付）	B5.版	978-4-910250-05-2	¥2,000
そのまま使えるモデル英文契約書シリーズ 総代理店契約書【輸出用】（CD-ROM 付）	B5 版	978-4-910250-06-9	¥2,000
そのまま使えるモデル英文契約書シリーズ 合弁契約書（CD-ROM 付）	B5 版	978-4-910250-07-6	¥2,000
そのまま使えるモデル英文契約書シリーズ 実施許諾契約書【許諾者用】（CD-ROM 付）	B5 版	978-4-910250-08-3	¥2,000
そのまま使えるモデル英文契約書シリーズ 秘密保持契約書・共同開発契約書（CD-ROM 付）	B5 版	978-4-910250-09-0	¥2,000
そのまま使えるモデル英文契約書シリーズ 技術ライセンス契約書【中国語版付】（CD-ROM 付）	B5 版	978-4-910250-10-6	¥2,000
そのまま使えるモデル英文契約書シリーズ 販売基本契約書（CD-ROM 付）	B5 版	978-4-910250-11-3	¥2,000